Vera F. Birkenbihl

Unter Mitarbeit von HP Fischer und Uli Langguth

Das Birkenbihl ALPHA-Buch

W0391043

Vera F. Birkenbihl

Unter Mitarbeit von HP Fischer
und Uli Langguth

Das Birkenbihl ALPHA-Buch

Neue Ein-SICHT-en gewinnen
und im Leben umsetzen

mvg

Die Deutsche Bibliothek – CIP-Einheitsaufnahme

Birkenbihl, Vera F.:
Vera F. Birkenbihl / Unter Mitarbeit von HP Fischer und Uli Langguth:
Das Birkenbihl ALPHA-Buch: neue Ein-SICHT-en gewinnen
und im Leben umsetzen / – 3. Aufl. – Landsberg am Lech:
mvg-verl., 2001
(mvg-Paperbacks ; 08867)
ISBN 3-478-08867-4

3. Auflage (Taschenbuch) November 2001
2., korrigierte Auflage im Hardcover Juni 2000
1. Auflage im Hardcover März 2000 unter ISBN 3-478-72830-4

© der deutschsprachigen Ausgabe 2000 bei mvg-verlag im verlag moderne industrie AG & Co. KG, Landsberg am Lech

Alle Rechte, insbesondere das Recht der Vervielfältigung und Verbreitung sowie der Übersetzung, vorbehalten. Kein Teil des Werkes darf in irgendeiner Form (durch Fotokopie, Mikrofilm oder ein anderes Verfahren) ohne schriftliche Genehmigung des Verlages reproduziert oder unter Verwendung elektronischer Systeme gespeichert, verarbeitet, vervielfältigt oder verbreitet werden.

Umschlaggestaltung: Vierthaler und Braun, München
Umschlagfotos: mit freundlicher Genehmigung von MEGAHERZ-tv
Satz: Fotosatz H. Buck, Kumhausen
Druck- und Bindearbeiten: Ebner Ulm
Printed in Germany 08867/11015502
ISBN 3-478-08867-4

Inhalt

Danksagung

Wir möchten all denen unseren Dank aussprechen, ohne die unsere Fernsehsendung ALPHA – Sichtweisen für das dritte Jahrtausend nicht möglich gewesen wäre, allen voran unserer wunderbaren Moderatorin Sabine **Sauer**.

Den Mitarbeitern des Bayerischen Rundfunk, insbesondere Helge **Rösinger** (ohne die ALPHA nicht möglich gewesen wäre und die maßgeblich an der Kreation der Sendung beteiligt war), sowie Bettina **Heiss**, Kai **von Kotze** und Beatrix **Leser**.

Den Mitarbeitern von **MEGA-HERZ tv**: Nicole **Engerer**, Nazir **Elahi**, Elke **Hardegger**, Ivan **Push**, Alf **Regehr** und Rolf **Wilhelm**.

Unser ganz besonderer Dank gilt vor allem den **Trainern und Lehrern, die ihr Wissen in ALPHA einbrachten**:

René **Egli**, Nikolaus B. **Enkelmann**, Prof. Karlheinz A. **Geißler**, Manfred **Helfrecht**, Bert **Hellinger**, Kay **Hoffmann**, Dr. Eleonore **Höfner**, Mathias **Varga von Kibéd**, Elisabeth **Kübler-Ross**, Henning **von der Osten**, Fritz **Pampus**, Amoghavajra Karl **Schmied**, Prof. Eberhard **Simons**.

Vera F. Birkenbihl | HP Fischer | Uli Langguth

LEBEN
Aha's!
HERAUS-forderungen
ANNEHMEN
ALPHA
ACHTSAM-KEIT
PERSÖNLICH-KEITS-ENT-WICKLUNG
+LERNEN
=WACHSTUM

Vorwort

von HP Fischer und Uli Langguth

Wollen Sie Ihr eigenes Leben noch besser zum Funktionieren bringen?

Und wollen Sie mehr Ihrer Lebenszeit damit verbringen, sich gut zu fühlen?

Dann kann dieses Buch Ihnen viel bieten! Und wenn Sie später sagen werden, dass es sich für Sie gelohnt hat, dann sind auch wir zufrieden. Denn das ist es, was wir vorhatten, als wir eine Fernsehsendung erfanden, deren Anliegen es war, einen Unterschied zu machen.

Einen Unterschied im Leben der Fernsehzuschauer, die sich die Sendung „ALPHA – Sichtweisen für das dritte Jahrtausend" anschauten. Fernsehen – nicht, um „abzuschalten" und nicht, um in die Ferne zu sehen, sondern Fernsehen, um die grauen Gehirnzellen „einzuschalten" und den Blick auf das eigene Bewußtsein zu richten.

Wir nannten die Sendung ALPHA, weil das griechische Alphabet mit dem Buchstaben α (Alpha) beginnt, und weil dieser Buchstabe den meisten Menschen als Anfang einer bewußten Auseinandersetzung mit der Welt gilt.

Den Untertitel der Sendung „Sichtweisen für das dritte Jahrtausend" hatten wir gewählt, weil wir der Meinung sind, daß man nicht unbedingt die Welt verändern muß, um *gut drauf* zu sein, sondern daß es schon genügt, den eigenen Blick auf die Welt zu verändern, um diese anders – freundlicher, liebevoller, menschlicher – auftauchen zu lassen.

Die Idee, eine Sendung zu produzieren, die sich mit Fragen unseres Bewußtseins auseinandersetzt, wurde von vielen Seiten unterstützt, und schließlich ermöglichte das Bayerische Fernsehen die Produktion von acht Folgen „ALPHA". Die einzelnen Themen waren: „Zeit", „Denken", „Erfolg" (I+II), „Liebe", „Tod", „Kommunikation" und „Kreativität".

Wir haben uns also auf die Suche gemacht nach den besten

Lehrern und Trainern aus den Bereichen Persönlichkeitsentwicklung, Philosophie und Psychologie, die uns von den Möglichkeiten des menschlichen Potenzials berichten und uns einen Weg zu dessen Entfaltung weisen konnten.

Wir hatten Glück! Wir begegneten hervorragenden Trainern, die ihr Wissen und ihre Erfahrungen einbrachten, um die Sendung erfolgreich und gut zu machen. Eine Trainerin, eine außergewöhnliche Frau, verstand es, in ihrer unverwechselbaren Art und mit profunder Kenntnis und viel Witz unseren Fernsehzuschauern selbst sehr schwierige Zusammenhänge zu vermitteln: Vera F. BIRKENBIHL, eine meisterhafte Lehrerin.

Mit ihrem Kopf in den höchsten Sphären und mit beiden Beinen fest auf dem Boden, eroberte sie Herz und Hirn der Zuschauer. Die Resonanz des Fernsehpublikums auf die Sendung war beeindruckend. Es erreichten uns Tausende von ausnahmslos positiven Zuschauerreaktionen, und immer wieder tauchte die Frage auf, ob Vera F. Birkenbihl die von ihr in den einzelnen Sendungen geäußerten Gedanken auch in ausführlicherer Form zur Verfügung stellen könne.

Vera F. BIRKENBIHL hat diesem Wunsch entsprochen – und so ist dieses Buch entstanden. Wir freuen uns auch, daß Vera F. BIRKENBIHL uns – den Machern der Sendung – anbot, einige der Gedanken, die wir aus den Sendungen mitgenommen haben, in das Buch einzubringen.

Wir sind sehr stolz darauf, daß ihr Buch den Titel unserer Fernsehsendung aufgegriffen hat. Lassen Sie sich von diesem Buch ruhig den Kopf verdrehen, denn dies ist oft notwendig, um eine neue, befreiende Sichtweise zu erlangen. Auch wir haben uns von Vera F. BIRKENBIHL den Kopf verdrehen lassen, und glauben Sie uns: Das hat unseren Horizont erheblich erweitert!

Hans Peter FISCHER
Uli LANGGUTH,
Produzent, MEGAHERZ tv
Autor und Filmemacher

Hier geht's los!

Liebe Leserinnen, liebe Leser,
vier Dinge **sollten Sie wissen,** ehe Sie richtig einsteigen:

1. Über die Sendung, die zu diesem ALPHA-Buch geführt hat

Fernsehen als Medium hat einem Buch gegenüber so manchen Vorteil (bewegte Bilder, Ton, Musik), **aber** die Darbietungs-Form muß gewissen Gesetzen gehorchen. So werden einzelne Ideen (Wortbeiträge) fast immer extrem knapp abgehandelt. Dies soll verhindern, daß die Zuschauer/innen weg-**zappen**.

Vgl. auch den Beitrag *Zielstellung der ALPHA-Sendungen,* S. 231

Es sorgt aber leider oft auch für Oberflächlichkeit. Deshalb war es so erstaunlich, daß HP FISCHER und Uli LANGGUTH, die **ALPHA-Väter** und **Mitautoren** dieses Buches (vgl. Marginalie), sich zum Ziel gesetzt hatten, kurze und schnelle Schnitte mit inhaltlicher **Tiefe** zu verbinden. Wie gut dies gelungen ist, bezeugen abertausende von Telefonaten, Faxen und e-mails bei (und nach) jeder der acht ALPHA-Sendungen!

Was ist von wem?
Alle Beiträge der beiden **Mitautoren** können optisch leicht erkannt werden: sie sind **zweispaltig** und in einem Rahmen gesetzt (vgl. S. 9 f.).

Aber ein gedrucktes Buch hat einer Sendung gegenüber gewisse Vorteile. Erstens können wir unsere Gedanken schriftlich anders vortragen! Zweitens können wir Ihnen auch einen längeren Abschnitt zu einem Thema „zumuten", denn Sie können ja jederzeit wegspringen. Das bringt mich zum nächsten Punkt:

2. Es ist ein Zapp-Buch!

Sie sehen, „zappen“ muß weder oberflächlich noch ziellos sein.

Dieses Buch ist bewußt als **Zapp-Buch** angelegt. Die Beiträge sind alphabetisch sortiert, sodaß Sie sich inspirieren lassen oder gezielt ein Thema für heute aussuchen können. Trotzdem werden **Querverweise** Ihnen helfen, **andere Stellen im Buch anzuspringen**, die im jeweiligen Zusammenhang hilfreich sein können, wenn Sie dieses Thema noch weiter zu vertiefen wünschen.

3. Es ist kein „companion“!

Die Abschnitte stehen **in loser Verbindung zu den Sendungen**. Das Buch ist aber **kein** ***companion*** (= Begleiter) **zu** den Sendungen, sondern **ein eigenständiges Werk**, und wendet sich sowohl an jene unter Ihnen, die ALPHA im Fernsehen oder auf Videos* gesehen haben (oder noch sehen werden), als auch an klassische Leser/innen, die lieber lesen als sehen wollen!

4. „Echt neu“?

Gibt es von einem Autor bereits viele Bücher, dann besteht immer die Gefahr, daß er sich bei weiteren Titeln wiederholt. Lassen Sie mich deshalb feststellen, daß es in meinen Büchern nur wenige Überschneidungen gibt! Dabei handelt es sich um Grund-Ideen, auf welchen alles Weitere aufgebaut wird.

---

* Die Videos zu den einzelnen Beiträgen können im Buchhandel bestellt werden. Sie sind bei der TR-Verlagsunion erschienen, s. Lit.-Verz.

Trotzdem wird es für manche Leute, die „mich" schon lange lesen, mit jedem Buch schwerer, sich vorzustellen, daß auch diesmal wieder „echt Neues" enthalten sein soll. Neulich erklärte mir ein Seminar-Teilnehmer, er werde sich mein nächstes Buch im Laden sehr genau anschauen und es nur kaufen, wenn es mindestens zwei „echt neue" Beiträge enthält. Nun, ich kann ihm und allen, die zurecht (!!) so denken, die Arbeit abnehmen und klipp und klar sagen: auch dieses Buch enthält einige wirklich wichtige „echt neue" Beiträge!

a) **100 % neu**
   vgl. Marginalie
b) **90 % neu**
   Diese Beiträge sind bislang nur in einer Kolumne oder als Denk-Anstoß (in einem Memo) angerissen worden:
   - Bildung, S. 34
   - Coach, S. 41 ff.
   - Lesen, kreatives, S. 125 ff.
   - TV-Gewohnheiten, S. 205 ff.
   - Was Ihr bekämpft …, S. 213 ff.
   - Weisheit im Werbespot?, S. 222 ff.
   - Welt als Spiegel?, S. 227 ff.

Wer schon viele meiner Bücher gelesen hat, findet in **folgenden** Beiträgen Gedanken, die ich bisher noch **nirgendwo** publiziert habe:

1. Arbeitslos, S. 15 f.
2. Inneres Archiv©, S. 77 ff.
3. Meme, S. 131 ff.
4. Selbstwertgefühl, S. 167 ff.

Arbeitslos – was nun?

Das Thema „Arbeitslosigkeit“ tauchte natürlich bei mehreren ALPHA-Sendungen auf, besonders nach (oder zwischen) den Sendungen, per Brief, Fax, e-mail etc. Leider war der Zeit-Rahmen für die zwangsläufig kurzen Antworten im Studio zu knapp, deshalb freue ich mich über die Gelegenheit, eine etwas ausführlichere Antwort zu geben.

Vgl. dazu den Beitrag *Talent-Portfolio,* S. 199 ff.

Zunächst sollten wir uns darüber klarwerden, welche Frage solche Menschen regelmäßig an mich richten. Sie lautet: Wie bekomme **ich – ich – ich – ich – ich – ich – ich – ich** Arbeit?!

Merke: Solange unsere **Aufmerksamkeit** vollkommen **auf uns selbst** gerichtet ist, sehen wir auch **nur uns selbst!**

So kann man nichts von der Welt wahrnehmen, und genauso wenig sieht und hört man dann auch von den Firmen, die einen vielleicht anheuern **könnten**! Bedenken Sie bitte diese drei Aspekte:

1. Wer Arbeitslosigkeit als Leidtragende/r (= ein LEID TRAGENDER Mensch) erlebt und sich als **Opfer** sieht, geht sozusagen um einen Job **betteln**. Das aber kann keine sehr erfolgreiche Ausgangs-Position für die **Meisterung** des Problems darstellen ...
2. Es bewerben sich bei sehr vielen Firmen (leider auch bei uns regelmäßig) Leute, die **null Ahnung** haben, **was diese Firmen überhaupt machen**. Ihr Schrei lautet lediglich: „**Ich** will einen Job!“ Da kopiert man **wahllos** seitenweise Firmen-Adressen aus den Gelben Seiten, versendet an alle Empfänger **identische Bewerbungen** und **wundert** sich dann auch noch, daß das bei diesen Firmen **keinen Anklang** findet. Da „klingt“ nämlich nichts; es wurde keine Überein-STIMM-ung erzeugt, so daß es bei Empfang „stimmungsmäßig“ genau Null Ver-BIND-

ung gibt. Wen wundert es? Solche Bewerber/innen erhalten keine Antwort, weil niemand sich von ihrem Material **angesprochen** gefühlt hat. Merke: **Nur Angesprochene geben Antwort ...**

3. **Zu viele Bewerbungen** werden nach einem **08/15-Muster** „gestrickt" (vielleicht haben die Versender dasselbe schlaue Buch blind abgekupfert?). Sie gleichen sich schon äußerlich und sie zeigen jedem potenziellen Arbeitgeber, daß hier wieder einmal jemand **ohne Initiative und ohne Phantasie** einen Job will ...

Wenn **Sie betroffen** sind oder **Betroffene kennen,** dann kann Ihnen dieser Beitrag helfen. Allerdings möchte ich warnen:
Es gibt **keine „leichte" Antwort,** nur eine eher unbequeme, die allerdings bereits vielen Betroffenen in der Vergangenheit sehr geholfen hat.

Deshalb schlage ich meinen Seminarteilnehmer/innen, wenn sie Hilfe suchen, immer vor:

Sehen Sie Ihre derzeitige Arbeitslosigkeit als Ihren augenblicklichen **„Job"**, also als **die Aufgabe**, die Sie **genauso professionell** angehen wollen **wie den Job** (um den Sie sich gerade bewerben).

Jeder potenzielle Arbeitgeber reagiert zu mindestens zu 50 % auf **die Art, wie Sie sich bewerben** (wie auf die Inhalte Ihrer Aussagen oder Unterlagen). Wer immer Ihre Bewerbung „in Händen hält", fragt sich (bewußt oder unbewußt): Paßt diese Person zu uns? Kann sie demonstrieren, daß sie qualifiziert ist, Probleme zu lösen und wichtige Dinge kreativ/konstruktiv anzugehen?

Merke: Die **Art Ihrer Bewerbung** ist immer auch **Selbst-Darstellung**, die weit mehr **über Sie aussagt** als Ihnen klar (oder lieb) sein mag.

Genaugenommen reagieren potenzielle Arbeitgeber (bewußt oder unbewußt) fast immer *passend* zu der Art der Bewerbung:

- **Lieblos gestreutes bedrucktes Papier** erhält eine ebenso lieblose Quittung! Kann uns das wirklich erstaunen?
- Alle ähnlich gelagerten Bewerber/innen erhalten **gleichermaßen keine Antwort** (oder eine Routine-Absage). Wer sagt, das sei unfair, sieht nur sich und seine Probleme und hat für die Situation derer, die ihn einstellen und bezahlen sollen, null Verständnis. Warum also sollten sie an ihm Interesse haben …? Merken Sie, welche Parallelen sich hier ergeben? Denken Sie mit:

Wenn Sie nur eine EINFACHE „Anstellung" suchen und Ihnen meine Vorschläge zu aufwendig erscheinen, dann brauchen Sie vielleicht jemanden, der Sie ein wenig „bei der Hand" nimmt? Es gibt eine neue Art der Arbeits-Vermittlung für Langzeit-Arbeitslose, die Sozialhilfe empfangen, wo man wirklich zwischen den Suchenden vermittelt. Die Organisation heißt MAATWERK – Gesellschaft für Arbeitsvermittlung. Mehr Informationen erhalten Sie unter der Hamburger Nummer 040-417011.

Zwar finden wir es schlimm, wenn **uns** wieder einmal eine Firma so „lieblos" ablehnt, aber wir machen uns einfach zu wenig Gedanken darüber, daß diese Leute **unser „Echo"** sind. Schließlich haben **wir** vorher genauso lieblos in diesen „Wald" hineingerufen …

Wie können wir nun vorgehen, wenn wir unsere Arbeitssuche als unsere derzeitig **zu meisternde Aufgabe** ansehen wollen? Nun, wir sollten vielleicht diese Aufgabe (wie jede neue Arbeit!!) zuerst einmal mit einigen Fragen beginnen, z.B. *Welche Art von **Firmen** kommt überhaupt in Frage?* Bei der Antwort konzentrieren wir uns in zulässiger Weise zuerst (momentan) auf uns selbst, denn es gilt festzustellen, welche **Vorkenntnisse, Fähigkeiten, Fertigkeiten** usw. wir einem potenziellen Arbeitgeber überhaupt **anzubieten** haben! Je ausgiebiger Sie über diese Frage nachdenken, desto professioneller und aussichtsreicher können Sie die Jobsuche betreiben!

Wenn wir die ersten Daten, Informationen, Materialien, Unterlagen einiger potenzieller zukünftiger Arbeitsplätze gesammelt haben, dann können wir über jede dieser Firmen weitere Fragen stellen, wobei dies vorwiegend sogenannte offene (W-)Fragen sind, z.B.:

- **Was machen** sie genau (Produktion eines Produktes oder einer Dienstleistung)?
- **Worin** liegt der wesentliche **Schwerpunkt**?
- **Wer** ist der typische **Kundenkreis** dieser Firma? (Ich habe es noch nie erlebt, daß sich Arbeitssuchende für die Kunden der Firmen interessieren, für die sie arbeiten wollen. Das sagt doch alles, oder? Wie finden Sie als Kunde es, wenn Sie mit jemandem verhandeln müssen – z.B. im Zuge Ihrer Beschwerde – der sich für Sie nicht interessiert? Na eben!)

- **Wer** ist in der Firma **zuständig** für Einstellungen (und **was** kann ich über diese Person im Vorfeld herausbekommen)? (Gehen wir z.B. den Jahresbericht dieser Firma **noch einmal** sorgfältig durch, um zu sehen, ob dieser Mensch irgendwo namentlich erwähnt oder mit Bild gezeigt wird.)
- **Welche** Vision hat diese Firma? Bzw. **welche** Mission verfolgt sie?

usw.

Sie wissen ja: Suchet, und ihr werdet finden!

Übrigens können **Bücher zum Thema „Arbeitslosigkeit“** Ihnen helfen, gute Fragen zu finden, indem Sie diese Ratgeber gezielt **auf der Suche nach Fragen studieren**!

Um solche Fragen zu beantworten, brauchen Sie natürlich jede Menge Info-Material. Merke: Das **Vorstellungs-Gespräch** ist **nicht** der richtige Zeitpunkt, sich über einen potenziellen Arbeitgeber zu informieren – **da ist es viel zu spät!**

> Die meisten Firmen haben Werbe-Material, Jahresberichte und Info-Material, das man anfordern kann. (Daraus gehen erklärte Ziele, Mission, Firmenphilosophie und ähnliche Einzelheiten hervor.) Denken Sie auch an Prospekte der Firma; damit präsentiert sie sich ihren Kunden und so lernen Sie eine Menge über die Firma und deren Klientel … Im Zweifelsfall finden Sie heutzutage sehr viele Firmen im **Internet** (lassen Sie sich ruhig von jemandem helfen, der besser surfen kann als Sie).

Erst wenn Sie grundlegende Infos über in Frage kommende Firmen gesammelt haben, können Sie sich, bezogen auf **jeden** dieser potenziellen Arbeitgeber der Reihe nach, befragen (wobei Sie Ihre Antworten aufschreiben **müssen**!). Denn diese Antworten sind später die Basis für Ihre **individuelle, auf eine spezifische Firma maßgeschneiderte Bewerbung!**

- Bin **ich** für diese Firma ein **Pluspunkt**? Wenn ja, **welcher**? Merke: Wer diese Frage nicht beantworten kann, sollte sich bei dieser Firma keinesfalls vorstellen. Lernen Sie entweder mehr über die Firma (oder über sich), damit Sie die Frage eindeutig beantworten können, oder lassen Sie diese Firma in Ruhe!

- Was kann **ich** konkret **für diese Firma tun**? (Auflisten! Je länger die Liste desto größer Ihre Chancen!!) Zusatzfrage: Wie kann **ich meine zukünftigen Kolleg/innen** dort bei der Tagesarbeit **unterstützen**?
- Stelle **ich für die Kunden** dieser Firma (die ja letztlich das Gehalt aller finanzieren!) einen **Vorteil** dar?

Leute wie Sie sind dort kein Gewinn – vielleicht könnten Sie aber ein echter Pluspunkt für eine **andere** Firma sein.

Damit sind wir wieder bei dem Gedanken, den John F. KENNEDY einst von CICERO „geklaut" hatte, als er sagte: *„Frage nicht, was dein Land für dich tun kann, frage, was du für dein Land tun kannst."* Analog dazu fragen Sie sich: **Was kann ich für diese Firma tun?**

„Frage nicht, was dein Land für dich tun kann, frage, was du für dein Land tun kannst."
CICERO

Jetzt kommt ein Rat, den viele Arbeitssuchende (zunächst) nicht (oder nicht gerne) befolgen wollen. Er scheint im ersten Ansatz kontra-produktiv zu sein, aber denken Sie ihn bitte zu Ende, **ehe** Sie diesen Rat beurteilen:

Sortieren Sie rigoros alle Firmen aus, bei denen Sie die letzte Frage ehrlich mit „nichts" beantworten müssen! Vielleicht fällt Ihre Antwort ja nur vorläufig negativ aus, weil Sie noch zu wenig Info über diese Firma gesammelt haben? Dann heißt es mit dieser Firma: zurück ins Körbchen (= weiter recherchieren!).

Vielleicht aber müssen Sie die Frage auch deshalb verneinen, weil Ihre Talente woan-

ders liegen? Fallbeispiel: Sie sind ein Buchhaltungs-As und lieben es, sich in ein **kleines Büro** (alleine für sich!) zurückzuziehen und dort ungestört zu arbeiten. Angenommen, ein Restaurantbesitzer in Ihrer Nähe sucht Leute, hat aber nur „Front-Jobs" (Barkeeper, Ober und Bedienungen). Vielleicht sind Sie versucht, ohne Rücksicht auf Ihre Buchhaltungs-Professionalität, den Job trotzdem anzunehmen, aber auf Dauer können Sie diesem Restaurant **weder Ihr Bestes, noch überhaupt viel bieten** (wenn Sie nicht sowieso den Beruf wechseln wollten, was in diesem Fallbeispiel aber nicht der Fall ist; Sie sind Profi-Buchhalter und möchten es auch bleiben). Würden Sie diesen Restaurantbesitzer (oder sich selbst!) belügen und einen Job annehmen, dann würden Sie es wohl kaum lange aushalten, und Sie wären in der Zwischenzeit wahrscheinlich **weder für die Kunden noch für Ihre Kolleg/innen** (vor und hinter der Theke) **ein echter Pluspunkt**, oder?

Übrigens ist dies das Beispiel eines Seminarteilnehmers. Er wollte damals den Restaurant-Job unbedingt annehmen, aber ich riet ihm ab, und tatsächlich „fand" er unter den Firmen, bei denen er **im ersten Durchgang** die obige Frage mit „nein" beantwortet hatte, eine, bei der sich **nach weiterer Recherche** herausstellte, daß sie **nur einen wie ihn brauchen konnte.** Das dortige „Büro" war nämlich ein winziger Raum im Hoch-Souterrain (= Keller mit einem winzigen Fenster), den die Kolleg/innen nur als „Schrank" bezeichneten. Aber ein Tisch (mit PC), ein Stuhl **und** seine Wenigkeit paßten **gleichzeitig** hinein. Da er selbst kleine Räume liebte, konnte er sich dort wohlfühlen, während andere Buchhalter/innen zugeben mußten, sie hätten dort unter Platzangst gelitten.

Wenn Sie die Arbeitssuche als Aufgabe angehen, die Sie lösen wollen, dann werden Sie sowohl eine Menge über potenzielle Arbeitgeber-Firmen herausfinden als vielleicht auch über sich selbst. Deshalb lohnt es sich, einige Werkzeuge zur Selbst-Erkenntnis zu lernen/trainieren, z.B.:

Vgl. auch die Beiträge *Talent-Portfolio*, S. 199 ff. und *Kläranlage des Geistes*, S. 102 ff.

- **einige Kategorien-Torten**© zu Ihrem Leben, Ihren Zielen, Ihren Talenten und Fähigkeiten, Fertigkeiten etc.
- **(Selbst-)Entdeckendes Schreiben**
- **Ihr Talent-Portfolio**

So erfahren Sie ganz nebenbei (mehr darüber), **wer** Sie selbst eigentlich sind, **was** Sie wirklich wollen, **warum** Sie lieber dies als das mögen usw. Allein dieser Teil Ihrer derzeitigen ARBEIT ist es wert, so vorzugehen! Wie sagte doch Sokrates so schön: *Das **nicht** untersuchte Leben ist es **nicht** wert, gelebt zu werden.*

Wer diesen vorgeschlagenen Weg beschreitet, wird natürlich keine identischen Unterlagen mehr an völlig unterschiedliche Unternehmen versenden. Er/sie wird, genaugenommen, zunächst überhaupt keine Unterlagen mehr durch

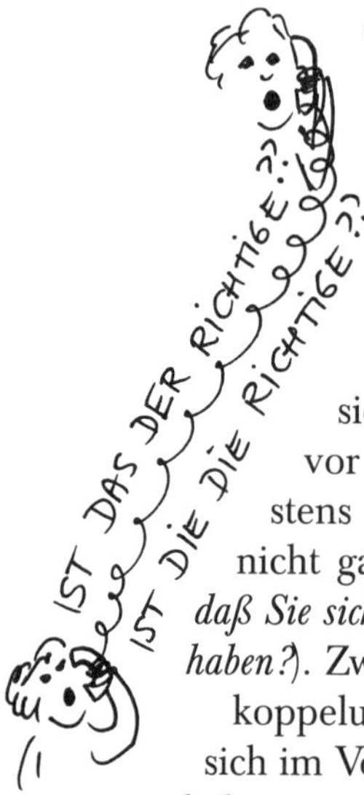

die Gegend schicken. Er/sie beginnt nämlich nach der Recherche-Phase zu **telefonieren**.

Dabei müssen wir uns natürlich durchfragen, bis wir an den richtigen Gesprächspartner geraten. Ihm/ihr stellen wir nun Fragen, die sich aus unseren „Hausaufgaben" davor ergeben haben. Hier können Sie erstens Punkte abklären, die Ihnen (noch) nicht ganz klar erscheinen (z.B. *Ist es wahr, daß Sie sich ausschließlich auf Keramik spezialisiert haben?*). Zweitens können Sie durch Ihre Rückkoppelungs-Fragen demonstrieren, daß Sie sich im Vorfeld bereits mit dieser Firma befaßt haben.

Zum Beispiel könnten Sie versuchen, das Mission Statement dieser Firma kurz mit eigenen Worten auszudrücken, z.B.: *In Ihrem letzten Jahresbericht hieß es, Ihre große Mission sähen Sie darin, Software-Produkte mit Qualitäts-Garantie (sonst Geld zurück) zu entwickeln, damit die Kunden sich nicht mehr als zahlende Beta-Tester von Frust zu Frust hangeln müssen. Habe ich das richtig verstanden?* **Oder:** *Wenn ich Ihr Mission Statement in Ihrem Jahresbericht, Seite 14, richtig verstanden habe, dann sehen Sie es als Ihre wichtigste Mission an, das-und-das* ***in der-und-der Technik*** *zu erreichen?*

Nehmen wir an, die Antwort auf Ihre Feedback-Frage lautet: „Ja, selbstverständlich", **dann** könnten Sie z.B. fragen: *Wäre es für Sie interessant, jemanden zu finden, der in* dieser-und-jener Technik *ausgebildet ist?* **Oder:** *Wie wichtig wird* dieser oder jener Aspekt *aus Ihrem Jahresbericht auch in der längerfristigen Zukunft* ***für Sie*** *sein?*

Nur so können Sie sichergehen, daß Sie die Unterlagen richtig verstehen bzw. daß Sie up-to-date sind. Es könnte nämlich ebenfalls passieren, daß Ihr Gesprächspartner auf Ihre letzte Frage antwortet: „Moment mal, wir haben gerade vor einem Monat auf die-und-die **andere** Technik umgestellt." Angenommen Sie wollten sich als Spezialist für die gerade abgeschaffte Technologie bewerben, dann ist es doch besser, solche Dinge im Vorfeld zu erfahren; ehe Sie Zeit und Geld verschwenden, Ihre Unterlagen an diese Leute zu senden; ehe diese Leute Zeit (die Geld kostet) vergeuden müssen, um Ihre Unterlagen zu lesen und festzustellen, daß Sie leider den **Spezialisten von gestern** für diese Firma darstellen!

Übrigens ist das einer der Hauptgründe, warum sich potenzielle Arbeitgeber so über 08/15-Unterlagen ärgern: Es kostet einiges an Zeit und Nervenkraft, all die vielen, vielen, vielen Langweiler auszusortieren, die für sie ja doch nicht in Frage kommen. Das nimmt man diesen Menschen übel. Wer kann es verdenken?

Wenn Sie Ihren Gesprächspartnern durch Ihr Telefonat zeigen, daß Sie sich **sauber vorbereitet** haben, dann heben Sie sich wohltuend **von 95 % aller mit Ihnen im Wettbewerb stehenden Arbeitssucher** ab.

Glauben Sie nun, daß Sie brillante Chancen haben **können**?

Wenn Sie **Menschen,** mit denen Sie in Zukunft **zusammenarbeiten** wollen, **respektieren** und sich bereits im Vorfeld auf sie einzustellen beginnen, dann senden Sie **völlig andere Signale als Ihre Mitbewerber!** Indem Sie zeigen, daß Sie **bereit und fähig** sind, sich auf diesen *Wettbewerb der Arbeitssuchenden* einzulassen, entwickeln Sie automatisch eine ganz andere Art, auf die Leute zuzugehen. **Ihre Gesprächspartner/innen sind mit Sicherheit angenehm überrascht.**

Vielleicht wundert es einen Personalchef, daß Sie ihn (in Ihrem ersten Telefonat) bereits auf **die Vision oder die Mission der Firma** ansprechen. Wenn er Sie nach Ihrem Grund fragen sollte, dann können Sie **Ihre Strategie offen erklären**, z.B.:

*Ich habe mich vorab informiert, denn ich mußte ja herausfinden, ob ich **für Sie** von Nutzen sein kann. Und ich glaube inzwischen, daß ich mich in Ihrer Firma sehr wohlfühlen würde, **weil ich mich mit Ihrer Mission identifizieren kann.** Hier möchte ich gerne mitarbeiten. **Deshalb** bewerbe ich mich **bei Ihnen**.*

Welchen Eindruck werden Sie machen? Sie kennen das Prinzip, das bereits Dale CARNEGIE vor Jahrzehnten (in *Wie man Freunde gewinnt*) beschrieben hat: Interessiert sich jemand für mich, dann finde ich ihn automatisch um 80 % interessanter als vorher. So auch hier:

Interessiert sich Ihr/e Gesprächspartner/in **jetzt auch für Sie**, dann wird **er/sie** Sie **jetzt** (in diesem ersten Telefonat!) auf Ihre Bewerbungs-Unterlagen ansprechen, wobei diese jetzt **an eine interessierte Person** geschickt werden! Denn Sie fragen nun, **an wen** Sie sie senden sollen (an diese Person oder an eine andere Person in dieser Firma?). Jetzt haben Sie etwas extrem Wertvolles erreicht: Sie schicken Ihre Unterlagen aufgrund der freundlichen **Aufforderung** seitens Ihres potenziellen Arbeitgebers, **womit Sie**

automatisch zur Spitze der Liste „aufgestiegen" sind!

Nun können Sie in Ihrem Begleitschreiben, welches eine persönliche Anrede enthält, z.B. formulieren: *Danke für Ihre telefonische Einladung, Ihnen meine Unterlagen zu senden* ... **Oder:** *Herr Meyer bat mich, **Ihnen** meine Unterlagen zu senden* ... Egal, ob Sie Ihre Papiere einer anderen Person oder Ihrem heutigen Gesprächspartner zusenden sollen, Sie können auf alle Fälle **auf das heutige Telefonat verweisen**.

Achten Sie unbedingt darauf, daß es sich tatsächlich um das **heutige** Telefonat handelt und nicht etwa um das von (vor-) gestern!

Dadurch begreift Ihr Adressat, daß **Ihr heutiger Gesprächspartner** (z.B. der Personalchef) **möchte**, daß er/sie mit Ihnen redet. So ist auch der **Sekretärin** sofort klar, daß diese Bewerbung von ihrem Chef **erwünscht/angefordert wurde.** Damit schaffen Sie sich ein ganz anderes Entree als mit einer anonym ausgeschickten Massendrucksache in einem großen Stapel anderer ähnlich lieblos eingesandter Unterlagen ...

Derzeit existiert ja die perverse Situation, daß einerseits eine hohe Arbeitslosigkeit herrscht, während Firmen andererseits **händeringend Leute** mit speziellen Qualifikationen **suchen.** Während noch in den 50er und 60er Jahren des 20. Jahrhunderts bis zu **80%** der Mitarbeiter aus **Ungelernten** bestanden, die in einem Schnellverfahren für ihren einfachen Job **angelernt** wurden, trifft dies heute nur noch auf **20%** der Jobs zu. In wenigen Branchen (z.B. Fastfood-Ketten) können immer noch viele Menschen relativ schnell angelernt werden, in anderen hingegen **kaum** jemand.

Aber es gibt einen **Bereich, in dem gute Leute immer Arbeit finden werden**, denn die Qualifikation der Zukunft liegt auch im Bereich der **sozialen Kompetenz**, weil **gute Kommunikation** (eine der Grundvoraussetzung für Teamarbeit und Service) **immer wichtiger** wird.

Vgl. auch *Talent-Portfolio,* S. 199 ff.

Wenn ich z.B. jemand wäre, der mit Reklamationen besser umgehen kann als die meisten, dann kann ich **in jeder Branche** arbeiten, weil ich fähig bin, schwierige Gespräche zu führen, die für jede zukunftsfähige Firma **existenziell** sind.

Schließlich bleibt jeder Kunde, der bei einer Reklamation gut behandelt wird, dieser Firma nicht nur als Kunde **erhalten**, sondern er ist zukünftig **nachweislich** ein **sechsmal treuerer** Kunde als jemand, der **nie Anlaß** zu einer Reklamation hatte. Wer sich nämlich erst einmal aufrafft, um zu reklamieren (was ja sowieso nur einer von 100 Kunden tut), der erwartet aufgrund seiner früheren Erfahrungen, daß man versuchen wird, ihn abzuwürgen. Aber jetzt ist da jemand, der auf ihn eingeht. Er ist oft völlig verblüfft und immer dankbar und froh, daß es so läuft.

Personen mit sozialer Kompetenz, die solche Gespräche besser **führen können als die meisten Menschen,** die regelrecht Angst vor jeder Kritik (und damit vor Reklamationen) haben, **nützen einer Firma sehr viel**, **selbst**

wenn sie keinen eigenständigen Beruf erlernt haben.

Drehen wir doch den Spieß einmal kurzfristig um: **Versetzen Sie sich in die Position eines Arbeitgebers**. Als Arbeitsgeber könnten Sie sich selbst vielleicht ganz anders sehen … beispielsweise in der Rolle eines Restaurantbesitzers. Sie stellen Sie sich folgende Fragen (wobei es extrem hilfreich sein könnte, wenn Sie sich die Mühe machen würden, Ihre Antworten aufzuschreiben):

Dieses Schriftstück könnten Sie dann jeden morgen laut lesen, ehe Sie mit den heutigen Arbeiten auf dem Weg zu Ihrem neuen Job beginnen. Sie könnten dieses Schriftstück auch als POSTER an die Wand hängen

Wie würde ich darauf reagieren, wenn jemand sich etwa so bewerben würde:

Ich möchte gern bei Ihnen als Ober arbeiten. Ich habe eine Frau und zwei Kinder zu ernähren. Ich brauche soundsoviel Geld jeden Monat. Ich möchte an Krankheitstagen bezahlt werden. Ich möchte das und das – ***ich, ich, ich, ich, ich …***

Wie würde er/sie auf mich wirken?

Hätte ich auch nur das geringste Interesse daran, diesen Menschen bei mir einzustellen?

Wahrscheinlich nicht. Was also bringt uns auf die Idee, daß irgendeine Firma uns einstellen möchte, wenn wir mit einer ähnlichen Einstellung **an sie herantreten**?

Fazit

Fazit

1. Es ist wichtig, aus der **Opferrolle** herauszufinden, die allgemein leider weit verbreitet ist. Merke: Opfer werden nie als **Meister** gesehen, demzufolge traut man ihnen auch nicht zu, den Job zu **meistern** …

Zu dem Opfer-*KaWa*© vgl. auch den Beitrag *Kreatives Denken mit KaWa*©, S. 117 ff.

2. Ihre **Bewerbung** spiegelt genau wider: Ihr/e …

- Motivation
- Interesse an dieser Firma
- Fähigkeit, eine Sache kompetent anzugehen (die Grundlage für einen erfolgreichen Abschluß).

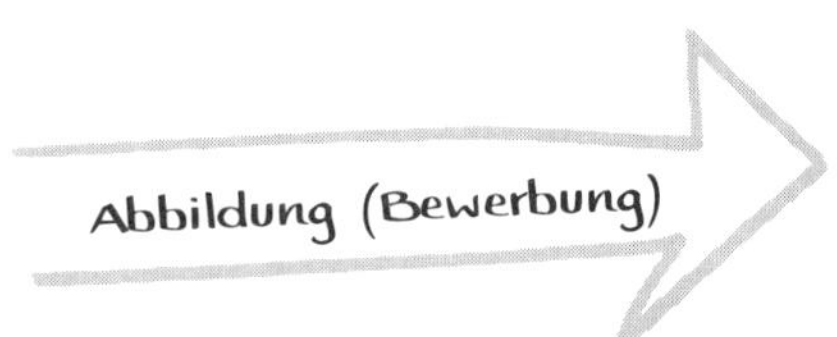

3. Erfolg ist die **Folge** dessen, was erfolgt, und zwar aufgrund dessen, was wir zuvor gedacht und getan haben.

Wer die **Verantwortung** dafür auf die „böse Welt“, die „fiesen“ Mitbewerber oder die „ekelhaften“ Personalchefs **abschieben** will, der **schafft** ebenfalls **glasklare Folgen** für **seine** persönliche Zukunft!

Arbeitslosigkeit einmal anders betrachtet. S. auch den Beitrag *Kreatives Denken mit* ***KaWa***©, S. 117 f.

4. Wer **wahllos** fotokopierte Pauschalbewerbungen an 150 Firmen schickt, läßt keinerlei Wahl-Möglichkeit zu. Er schafft damit die (verständliche!!) **Folge**, daß sich 150 Firmen von seiner Bewerbung **nicht** angesprochen fühlen.
   Das ist dann **der „logische“ (nämlich zwangsläufige) Erfolg** dieser Aktion.
5. Wenn wir uns hingegen **wirklich** auf unser Gegenüber einstellen, dann schaffen wir andere **Folgen** und damit auch eine andere **Wirklich**-keit…

Beobachtereffekt

(Warum man den Wald vor lauter Bäumen nicht wirklich sehen kann ...)

Stellen Sie sich vor, Sie machen einen Waldspaziergang und sehen in einigem Abstand einen eigenartig geformten Ast, der über dem Weg hängt. Wenn Sie auf ihn zugehen, können Sie sehen, wie der Ast immer größer wird. Mit jedem Ihrer Schritte verändert sich die Gestalt des Astes ein wenig. Die Anordnung seiner Zweige scheint sich zu verschieben. Während Sie unter ihm durchgehen und dabei nach oben blicken, werden Sie feststellen, daß der Ast in seiner Form und Größe nun wiederum völlig anders aussieht. Sie gehen weiter und blicken über Ihre Schulter. Der Ast wird wieder kleiner und verändert sein Aussehen erneut. Die Formation seiner Zweige haben Sie **so** noch nicht gesehen. Er wird kleiner, bis er fast nicht mehr zu erkennen ist, und dann macht der Weg eine Biegung – und der Ast ist verschwunden!

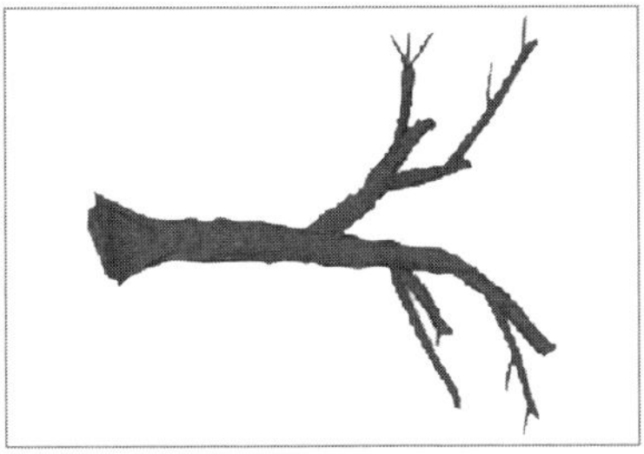

Nun haben wir eine Aufgabe für Sie: Nehmen wir an, Sie wollen den Ast **so** zeichnen **wie** er **wirklich** ausgesehen hat. Wie werden Sie ihn zeichnen?

Klein oder groß? So, wie Sie ihn am Anfang gesehen haben, oder aus der Perspektive, als Sie unter ihm durchgingen und der Ast Ihnen dabei völlig verändert schien? Oder werden Sie ihn vielleicht so zeichnen, wie er aussah, als Sie sich nach ihm umdrehten?

Sie werden feststellen, dass der Ast eben keine eindeutige, objektiv richtige, bestimmte Form hat. Seine **wirkliche Form** taucht immer nur in Zusammenhang mit einem bestimmten **Standpunkt** und einem **Beobachter** auf. „Gut", werden Sie sagen, „dann muß ich also alle möglichen Standpunkte einnehmen und die ganzen unterschiedlichen Bilder übereinandermalen, um ihn in seiner ganzen Wirklichkeit zu erfassen!" Sie können sich schon denken, wie das aussehen würde: Ihr ganzes Zeichenblatt wäre eine einzige zugeschmierte schwarze Fläche. Nichts! Ohne Beobachter und dessen Standpunkt haben die Dinge keine Gestalt und keine Wirklichkeit in dem Sinn, wie wir „Wirklichkeit" verstehen. Was wir für Wirklichkeit halten, entsteht nur im Beobachter. Die Wirklichkeit existiert nicht ohne uns. Sie wird erst durch unsere Wahrnehmung konstruiert.

Überlegen Sie bitte einen Moment, was es bedeutet, wenn wir diejenigen sind, die der Wirklichkeit ihr Gesicht geben. Welche Verantwortung übernehmen wir für sie, wenn wir selbst unsere Standpunkte auswählen und damit entscheiden, **wie** unsere Wirklichkeit ist?

Ein weiteres Beispiel: In einem Wald fällt ein Baum um, und es ist kein Lebewesen in der Nähe, welches hören könnte, wie der gewaltige Baum auf dem Boden aufschlägt. Es stellt sich die Frage: Verursacht der Baum ein Geräusch, wenn er aufschlägt und niemand es hört? Oder fällt er völlig lautlos um?

Eine mögliche Antwort ist: Schlägt der Baum auf die Erde, entsteht bewegte Luft. Nur wenn diese – an sich lautlose – Luftbewegung auf das Trommelfell eines Zuhörers (Beobachters) fällt, wird diese bewegte Luft durch unsere Wahrnehmung in sogenannten Schall umgewandelt. Nun kann ein

Zuhörer sagen: „Ich höre!“ Erst jetzt können wir von einem sogenannten Geräusch sprechen!

Der einzige Ort, an dem dieses entstehen kann, ist das Gehirn eines Beobachters (Zuhörers). Ohne Ohr kein Geräusch. Es ist eben nicht so, daß da ein Geräusch wäre und es hört bloß keiner. Sondern: Wenn da keiner ist, der hören kann, dann ist da auch kein Geräusch!

Und jetzt möchten wir noch Eines draufsetzen: Wenn Sie die Augen öffnen und die Sonne scheint, dann ist es hell. Für uns ist Licht und Helligkeit gleichbedeutend. **Aber im Gehirn wird es nicht hell, wenn wir die Sonne erblicken.** Da, wo wir Helligkeit **wahrnehmen,** herrscht tiefste Dunkelheit. Es ist nicht so, daß Licht durch die Linse unseres Auges gebündelt wird und dann auf unserer Schädelrückwand ein Abbild der Welt projeziert.

Das, was wir für Licht halten, trifft auf die Sehzellen unseres Auges. Der Reiz wird in ein elektrisches, digitales Signal übersetzt und über Nervenbahnen an eine bestimmte Stelle in unser Gehirn geschickt. Dort löst dieses Signal eine Lichtempfindung aus. Diese hat aber mit Helligkeit, so wie wir sie verstehen, überhaupt nichts zu tun.

Was wir wahrnehmen und für eine „äußere“ wirkliche Wirklichkeit halten, ist folglich „nur“ ihre innere Repräsentation, in Form neurologischer Prozesse.

Bildung

Der Erfolgs-Garant für Erfolg in der Zukunft

Um von diesem Beitrag optimal zu profitieren, benötigen Sie einen **Stift**.

Haben Sie einen?

Natürlich gibt es nicht nur einen einzigen Erfolgs-Garanten, aber es gibt einen, den wir als den wichtigsten bezeichnen können, nämlich unsere Fähigkeit, mit Neuem umzugehen. Dies ist eine alte Evolutions-Regel für das Überleben eines Individuums wie auch einer Art (die Dinosaurier haben es verpatzt): **Lebenslanges Lernen** ist **die Grundvoraussetzung** aller Erfolge in der Zukunft. Deshalb möchte ich Sie fragen:

- ❑ Lernen Sie **noch**?
- ❑ Lernen Sie nur ab und zu, **sporadisch**, periodisch oder ständig?
- ❑ Lernen Sie nur, wenn/weil Sie gerade ein **Problem lösen** wollen?
- ❑ Gehört lebenslanges Lernen zu Ihrem Leben, weil Sie **gewohnheitsmäßig** wachsen und sich entwickeln wollen?

Sind Ihnen diese Fragen eher angenehm, oder lösen Sie eher unangenehme Gefühle in Ihnen aus? ( ) angenehm ( ) unangenehm

Können Sie die Warum-Frage beantworten, **ehe** Sie weiterlesen?

Warum? ____________________________________

____

____

____

Möchten Sie raten, auf welches Land sich das folgende Zitat beziehen könnte?

Bildung war ***stets*** *Gegenstand höchster Wertschätzung und Achtung. Der Wunsch nach beständigem Lernen … trug … zu der Schaffung einer einsatzfreudigen, gebildeten und leistungswilligen Arbeitnehmerschaft bei. Bereits kurz nach dem Krieg hatte man … die Schlüsselbedeutung des* ***Humankapitals*** *für die Erreichung* ***wirtschaftlicher Wachstumsziele*** *erkannt …*

Sie ahnen es bereits: Hier wird leider weder von Deutschland noch von einem unserer deutschsprachigen Nachbarländer gesprochen. Die Rede ist auch nicht von einem anderen europäischen Land oder von den USA. Ebenfalls handelt es sich nicht um Japan! Nein! Prof. Nei Hei PARK (Sogang Universität, Seoul, freier Unternehmensberater und Seniorberater der Boston Consulting Group, Korea) macht diese Aussagen über sein Land. Er schreibt den wirtschaftlichen **Siegeszug** Koreas vor allem der **überragenden Lernbereitschaft** seiner Landsleute zu. Damit meint er jedoch nicht nur die Bereitschaft, sich regelmäßig mit Neuem zu befassen, sondern er weist auf eine **zweite Art von Bildungswilligkeit** hin, die ich hochinteressant finde: *Das aktive Lernen von den (verhaßten) Japanern wird … als erster Schritt zur Überwindung (des Erzfeindes) angesehen.* Das hat mich beeindruckt (vgl. Marginalie).

Vom Feinde lernen?
Wann haben Sie das letzte Mal **von Ihren Feinden gelernt?** Sie haben keine? Fein. Dann lassen Sie es mich so formulieren: Wann haben Sie zuletzt einen Gegner mit soviel Respekt betrachtet, daß Sie sich gefragt haben: „Was könnte ich von dieser Person lernen?"

Falls Sie in der Vergangenheit bereits festgestellt haben, daß lebenslanges Lernen nicht immer leichtfällt, dann könnten Sie die Ursachen prüfen. Vielleicht geben Ihnen diese Beispiele Anregungen zum Weiterdenken?

- ❏ Wurde Bildung in Ihrer Kindheit und Jugend sehr geschätzt? Das Zitat von Prof. Nei Hei PARK betont ja, daß man in Korea schon immer **großen Wert auf Bildung** gelegt hat. Diese asiatische Einstellung ist auch im alten China und Japan selbstverständlich, auch wenn Bildung früher nur wenigen Menschen zugänglich war. Heute aber kann jeder Mensch, der will, Wege zur Weiterbildung finden. Viele amerikanische Selfmade-Millionäre begannen damit, in Stadtbüchereien (kostenlose!) Bücher zu lesen und so den **Grundstock ihres Erfolges** zu legen! Manche beschrieben später, daß sie kostenkünstige Kurse bei Bildungsvereinen belegten, die mit unserer Volkshochschule in Deutschland (oder den Kursen bei Migros in der Schweiz) verglichen werden können. Auch manche Kirchengemeinden oder kirchliche Organisationen organisieren Weiterbildungsmaßnahmen … Frage: Wieviele solcher Angebote wurden von Ihnen bisher genutzt?

Falls Bildung für Sie nie eine Frage des Geldes war, lautet die Frage einfach: Wieviele Bücher (Kurse) haben Sie gelesen (besucht)?

- ❏ Empfinden **zu viele Menschen in Ihrem Umfeld zu wenig** Wertschätzung für Bildung? Wir erinnern uns: Was uns umgibt, das wird uns prägen. Dies gilt natürlich auch für unsere Einstellung zu lebenslangem Lernen. Ist diese für die Menschen in unserer Umgebung eher eine Drohung oder doch mehr ein Versprechen?

Wenn Sie z.B. ein Seminar besuchen und erzählen dies zehn Bekannten (Freunden, Nachbarn, Kollegen), dann werden in der Regel sechs bis acht von diesen sagen: „Was willste denn da?!" (oder ähnlich). Oder wenn Sie Bücher, einen Tonkassettenkurs oder ein Video kaufen, dann sagen solche Leute: „Was willst du denn daaaaaaamit?!" Falls sechs bis acht **Ihrer** Bekannten (Freunde, Nachbarn, Kollegen) Sie ER-**MUT**-igen, so ist dies außergewöhnlich (= außerhalb des Gewöhnlichen, Normalen). Ich gratuliere Ihnen!

Vgl. auch den Beitrag *Frosch oder Adler?*, S. 65 ff.

❑ Teilen **viele** oder nur **wenige** Ihrer Bekannten (Freunde, Nachbarn, Kollegen) Ihre Bereitschaft, sich zu verbessern? Lebenslanges Lernen bedeutet ja auch einen **stetigen Verbesserungs-Prozeß**! So wie ein Künstler wollen auch wir unser REPERTOIRE ständig optimieren! Beobachten Sie, wie Menschen sich verhalten, wenn ein unerwartetes **Problem** auftaucht. Suchen sie im Zweifelsfalle nach (neuen) Lösungen oder geben sie sofort auf? „Lassen" sie das Problem „lösen", ohne etwas für das nächste Mal zu lernen? Unterdrücken sie das Bewußtsein, daß überhaupt ein Problem existiert und gehen wieder zur normalen Tagesordnung über? All dies sind **Symptome** für **mangelnde Fertigkeit, lebenslang zu lernen**. Damit ist natürlich nicht nur Buchwissen gemeint, wie das Beispiel im Kasten auf den nächsten zwei Seiten klar zeigt.

Probleme lösen lassen ...?

Natürlich meinen wir hier nicht, daß jeder Mensch alle Probleme ohne ausgebildete Spezialisten lösen soll; trotzdem kann man aus solchen Problemen oft eine Menge lernen! Manche Probleme haben wir nämlich (durch Unkenntnis) selbst ausgelöst. Das mit der Einsicht einhergehende Aha-Erlebnis kann dazu beitragen, daß wir diese Ursache als Ursache begreifen, so daß uns **dieser** Fehler nie mehr passieren wird, womit **diese Art von Problem in Zukunft ausgeschlossen wird**. Dieser **Lernprozeß** findet statt, weil uns ein/e Spezialist/in erklärt hat, wie es zu der problematischen Situation gekommen war.

Beispiel: Sicher haben auch Sie einmal die Autoscheinwerfer brennen lassen und diese Fahrlässigkeit mit einer leeren Batterie bezahlt. Den meisten Menschen passiert das später **nie wieder**, auch wenn sie damals Hilfe gebraucht haben, um das Problem zu lösen (zumindest einen netten Mitmenschen mit Starterkabel und dem Know-How, welcher Teil wo angeschlossen werden muß, um das Auto zu starten). Auch ich hatte mein Autoscheinwerfer-Aha, lernte jedoch später ein weiteres Strom-Problem kennen, als ich eines Tages im Winter mein Autoradio ganz leise gestellt hatte und es dann in dieser Position vergaß, als ich den Wagen verließ. Fünf Tage später verhinderte die tote Batterie meine pünktliche Abreise zu einem Vortrag. Ich rief

Hilfe (meine Werkstatt war nur 600 Meter entfernt) und der Mechaniker suchte den Wagen nach möglichen Stromverbrauchern ab. Schnell fand er das angestellte Radio, denn **ihm war diese Problematik nicht neu!** Nur mir! Aber auch diesen Fehler habe ich nur einmal begangen!

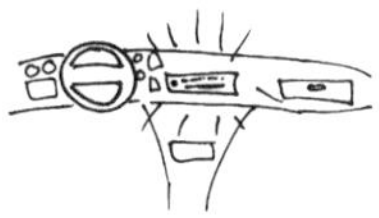

Wissen Sie als Führungskraft (oder Ihre Chefs/Chefinnen) es zu würdigen, wenn Mitarbeiter/innen Zeit und Energie in Materialien (Kurse) investieren?

Leider werden viele Mitarbeiter/innen, die sich weiterbilden wollen, nicht nur *nicht* unterstützt, sondern teilweise regelrecht blockiert. Wir veranstalten manche Selbst-Management- oder Power-Tage (für Frauen) an Wochenenden, weil so viele Teilnehmer/innen sagen: Nicht einmal, wenn wir den Arbeitstag später „hereinzuarbeiten" bereit sind, dürfen wir an einem Wochentag zum Seminar gehen.

Oft ist eine Firma nicht bereit, die Kosten zu übernehmen. Doch es gibt zahlreiche Möglichkeiten, sich das Wissen dennoch anzueignen.

Deshalb publiziere ich auch seit Jahren preiswerte (Taschen-)Bücher und Video-Mitschnitte großer Vorträge. Außerdem war dies ein starker Motivator für mich, (für einen Bruchteil meines normalen Honorars) bei ALPHA mitzumachen. Denn auch diese Mitschnitte von jeweils 60 Minuten* sind sehr preiswert zu haben. So können unsere Seher/innen jede Sendung sowohl mehrmals sehen als auch zu einem selbstgewählten

* Die Videos zu den Sendungen sind im Buchhandel erhältlich, s. Lit.-Verz.

Zeitpunkt mit Menschen ihrer Wahl gucken und anschließend darüber reden. Somit ergeben sich extrem preiswerte **Wohnzimmer-Seminare**!

Wenn Sie solche und ähnliche Hemmnisse berücksichtigen, dann wird Ihnen klar, daß wir in Deutschland (inklusive der deutschsprachigen Nachbarländer) noch eine Menge Entwicklungsarbeit zu leisten haben, **weil wir in den „guten" Jahren satt und fett geworden sind** und **deshalb** in der derzeitigen Transformationsphase riesige Probleme haben, die sich erst ändern werden (und zwar schlagartig!), wenn wir als Grundvoraussetzung unsere Bereitschaft, uns mit Neuem auseinanderzusetzen, dramatisch erhöhen. Dies wiederum impliziert jedoch, daß wir fähig sein müssen, Altes aufzugeben. Und genau das ist die **Quintessenz** dessen, was **Bildung** bedeutet. Bildung ist ein **Prozeß**, kein „Zustand" – **Bildung bedeutet: Reifen, Wachsen und ständige (R)Evolution.**

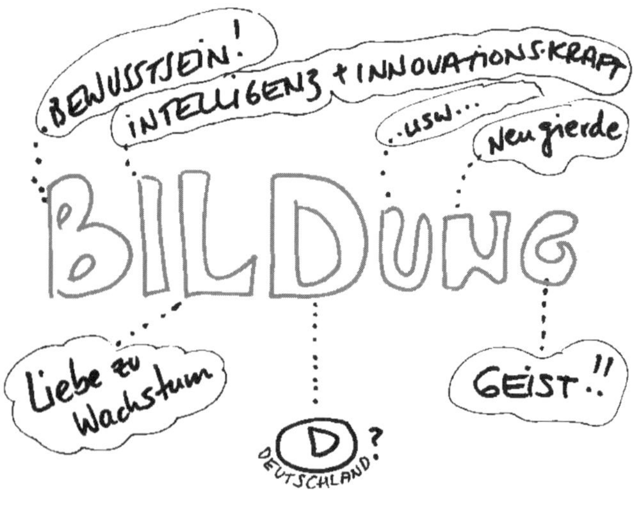

Coach

Bitte vergleichen Sie folgende Aussagen mit Ihrer Meinung und kreuzen Sie dementsprechend an, was Sie für richtig halten:*

1. Jede/r Sportler/in, Musiker/in, Künstler/in oder Profi **hat** einen Coach, wenn er/sie einmal aus dem breiten Mittelfeld herauszuragen begonnen hat.
   ( ) Genau ( ) Na ja … ( ) Quatsch!
2. Jeder Mensch, der auf irgend einem Gebiet etwas erreichen will, **braucht** einen Coach.
   ( ) Genau ( ) Na ja … ( ) Quatsch!
3. Es ist **auch privat sinnvoll**, mit einem Coach zu arbeiten, z.B. für die persönliche Fitneß.
   ( ) Genau ( ) Na ja … ( ) Quatsch!
4. Es ist **sehr schwer**, einen Coach aufzutreiben.
   ( ) Genau ( ) Na ja … ( ) Quatsch!
5. Es **kostet eine Menge Geld**, sich einen Coach zu leisten.
   ( ) Genau ( ) Na ja … ( ) Quatsch!
6. Haben Sie wirklich angekreuzt?
   ( ) Ja ( ) Nein.

Bitte erst umblättern, wenn Sie die Fragen beantwortet haben.

Würden Sie gerne (z.B. telefonisch) mit ein, zwei Personen sprechen, ehe Sie Ihre Antworten mit meinen vergleichen?

Dies entspräche übrigens einer Kleingruppen-Übung im Seminar, wobei bereits wenige Minuten schon hilfreich sind.

* Dieser Beitrag wurde bereits in meinem *Birkenbihl-Brief* angesprochen. Bei näherem Interesse können Sie weitere Informationen im Internet unter www.birkenbihlbrief.de oder unter Tel.: 089-71 04 66 65 erhalten.

Ich zeige Ihnen nun zuerst, wie **die meisten Teilnehmer/innen** die Fragen 1 bis 5 beantworten, ehe ich Ihnen **meine Antworten** anbiete.

Dies sind Resultate von vier Seminaren, d.h. ca. 1200 ausgewertete-ten Fragebögen.

1. Jede/r Sportler/in … oder Profi **hat** einen Coach … (✗) Genau
2. Jeder Mensch, der … etwas erreichen will, **braucht** einen Coach. (✗) Genau
3. Es ist **auch privat sinnvoll**, mit einem Coach zu arbeiten, z.B. für die persönliche Fitneß. (✗) Quatsch!
4. Es ist **sehr schwer**, einen Coach aufzutreiben. (✗) Genau
5. Es **kostet eine Menge Geld**, sich einen Coach zu leisten.(✗) Genau

Nun, ich stimme **teilweise** zu, bei Frage Nr. 1, 2 und 3 nämlich. Aber dann weicht meine Einschätzung stark ab:

1. Jede/r Sportler/in … oder Profi **hat** einen Coach … (✗) **Genau**
2. Jeder Mensch, der … etwas erreichen will, **braucht** einen Coach. (✗) **Genau**
3. Es ist **auch privat sinnvoll**, mit einem Coach zu arbeiten, z.B. für die persönliche Fitneß. (✗) **Genau**

Warum glauben Sie, hat sich das Coachen seit Jahrtausenden bewährt? Falls Sie dachten, die Coaching-Tradition sei neu: Neu ist lediglich, daß man etwas darüber erfährt. Übrigens ist der Coach die Person, die in den alten Schriften meist als *Lehrer* (oder **Guru**) bezeichnet wird (als es noch keine normalen Schulen gab). Und über einen solchen finden wir im persisch-arabischen Sufismus die phänomenale Schilderung der **Aufgabe eines guten Lehrers** (siehe dazu auch die Marginalie).

Doch kehren wir zu Frage 4 und 5 zurück.

Nun, normalerweise stimmt „Genau“, wenn Sie es „normal“ sehen, aber oft liegt der Erfolg im Un-Normalen. Deshalb schlage ich ein Konzept des gegenseitigen Coachens vor. Das heißt, daß sich eine Coaching-Gruppe formt und jedes Mitglied für jemanden Coach ist und gleichzeitig einen Coach aus der Gruppe hat. Dabei gilt es, folgendes zu bedenken:

1. Die **meisten Menschen** können in einigen Lebensbereichen wunderbar helfen, wenn man sie fragt.
2. Eine **Gruppe** läßt sich relativ leicht auf die Beine stellen, wenn Sie gleichgesinnte Menschen dort suchen, wo diese sich aufhalten, z.B. auf Seminaren, die sich mit dem Thema befassen, auf welchem Sie wachsen wollen.

Der Guru führt den Schüler an den Rand des Abgrundes. Er weiß, wann der Moment gekommen ist, daß er dem Schüler einen Stoß versetzt. Dieser beginnt, in die Schlucht zu fallen, aber plötzlich muss er erstaunt feststellen, daß er inzwischen fliegen kann …

In diesen Kreisen treffen Sie andere Menschen, die im weitesten Sinn an ihrer Selbstverbesserung arbeiten wollen. Einige von ihnen kommen auch in Frage für das gegenseitige Coaching-Konzept!

Dies muß kein teures Seminar auf dem kommerziellen Markt sein (in Hotels, wo ein Kännchen Kaffee mehrere Euro kosten kann).

Es gibt Trainer/innen, die sich voll auf Privatpersonen spezialisiert haben, oder Volkshochschulkurse oder Seminare Ihrer regionalen Kirche oder in anderen, sozialen Einrichtungen in Ihrer Nähe.

Die **Gruppe** muß sich übrigens niemals in einem Raum aufgehalten haben. Wenn Sie z.B. regelmäßig mit einigen Leuten im Internet verkehren, dann bilden Sie quasi eine **Gruppe,** auch wenn jeweils nur Einzelgespräche laufen (vgl. manche Bulletin-Boards oder Chat-Rooms).

Aber bitte bedenken Sie, daß die meisten Stars in der Sport- (oder Musik-) Welt zunächst von ihren Eltern (oder einem befreundeten Sportvereins-Coach) gecoacht wurden, bis überhaupt feststand, ob sie vielleicht eine professionelle Laufbahn einschlagen würden.

3. **Coaching auf Gegenseitigkeit** bedeutet natürlich **nicht,** daß beide sich gegenseitig auf **demselben** Gebiet coachen. Nehmen wir an, A ist Coach für B, weil B ihre Kommunikationsfähigkeit verbessern möchte. Also schlägt A (der sich auf diesem Gebiet auskennt) B die richtigen Bücher, Kassetten etc. vor bzw. er zeigt B gute Übungen, die für ein reguläres Training geeignet sind. Es kann auch sein, daß er als Trainings-Partner für einige dieser Aufgaben fungiert. Gleichzeitig coacht B …

- entweder A (z.B. bezüglich Fitneß),
- oder eine weitere Person der „Gruppe" (vielleicht C).

Coaching auf Gegenseitigkeit bedeutet lediglich, daß letztlich jede/r in der „Gruppe" sowohl Coach ist als auch gecoacht wird!

4. Natürlich wird ein **privater Coach** auch „nur“ privat coachen. Wer in die Weltspitze will, muß früher oder später einen Profi-Coach finden.
5. **Außerdem** kann es sein, daß einige (alle) Mitglieder der „Gruppe“ für gegenseitiges coachen **Profis** sind! Es spricht doch absolut nichts dagegen, daß sich z.B. eine sportmedizinisch gebildete Ärztin mit einem Persönlichkeitstrainer „coach-mäßig paart“.

Ich kenne einen Chef-Koch, der einen professionellen Redner in wichtige Geheimnisse über den Einkauf und die Zubereitung von Speisen einführt, die man sowohl als Nahrung bezeichnen als auch genießen kann. Er selbst lernt beim „Partner-Coach“ reden …

Wollen wir nun noch kurz auflisten, worin die Aufgaben eines guten Coach bestehen, damit man anfangen kann. Früher oder später möchten Sie vielleicht ein wenig im Buchmarkt schmökern, die Menge an Literatur zu diesem Thema zeigt, daß es inzwischen „mainstream“ geworden ist (also völlig normal)!

1. Er/sie hilft uns, **regelmäßig an unserer Selbstverbesserung zu arbeiten**, indem er uns unterstützt, wenn es gilt, unsere **Ziele** und einen (vorläufigen) Zeitplan zu erarbeiten, sowie festzulegen, wie oft wir trainieren und uns darüber unterhalten wollen.
2. Er/sie hilft uns, **unsere Stärken besser wahrzunehmen** (denn unsere Schwächen kennen wir oft nur allzu gut), damit wir unsere Stärken mit seiner/ihrer Hilfe **systematisch ausbauen** können, aber:
3. Er/sie hilft uns **auch, unsere Schwächen realistisch einzuschätzen**. Das **kann** bedeuten, uns auf die Schwächen aufmerksam zu machen, die wir **nicht wahrhaben wollen** (dann gilt es, den berühmten blinden Fleck zu überwinden). Es kann aber auch heißen,

Vgl. dazu auch den Beitrag *Was Ihr bekämpft …*, S. 213 ff.

uns **Mut zu machen**, wenn wir uns vor lauter „Bekämpfen" der Schwäche ständig selbst im Weg stehen.

4. Er/sie dient uns als **Spiegel**, denn oft können andere weit besser als wir **beurteilen**, wo unsere Stärken liegen, wenn wir uns durch Konzentration auf (angebliche) Schwächen verrennen …

Vgl. auch die Beiträge *Meme – Chancen und Gefahren,* S. 131 ff., und *Insel-Modell – Können wir die Brücke bauen?,* S. 100 f.

Natürlich muß uns klar sein: Jede Bewertung oder Beurteilung eines Menschen (egal, ob bei uns selbst oder einem anderen) basiert immer auf unserem Wertsystem. Also sollten Sie darauf achten, wenn Sie wählen, wer für Sie als Coach infrage kommt (und für wen Sie selbst Coach sein können). Sie benötigen genügend Überschneidungen Ihrer „Inseln", damit Sie sich „fair" bewertet fühlen …

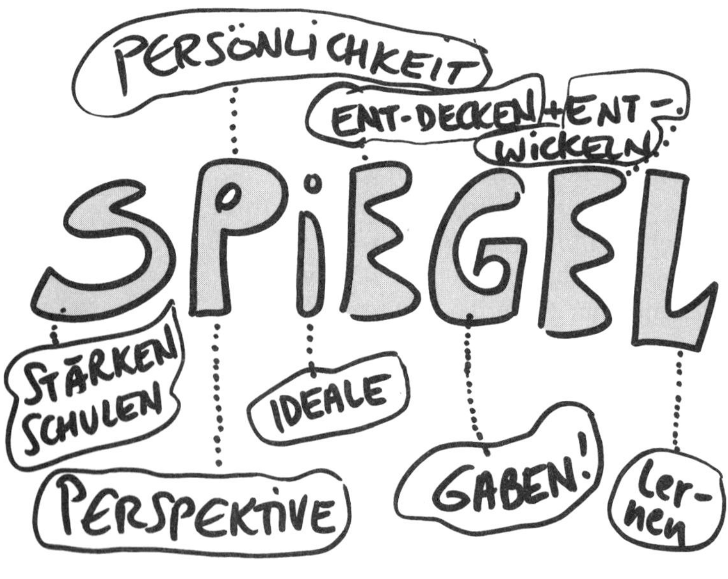

Erfolg: Aktion/Reaktion

Das Leben besteht aus unendlich vielen Möglichkeiten, die sich immer und überall anbieten. Wir erkennen sie nur leider oft nicht als Möglichkeit.

Deshalb möchten wir Ihnen raten, folgenden Tip wörtlich zu nehmen:

Halten Sie es für möglich, mehr Dinge in Ihrem Leben für möglich zu halten!

Es geht nämlich darum, einen Raum zu erzeugen, in dem Handlungen möglich werden. Eine Lichtung für neue Möglichkeiten. Nur das, was Menschen für möglich halten, kann auch passieren.

Die meisten Grenzen (bzw. Dinge, die wir für unmöglich halten) sind jedoch nicht real; sie existieren nur in unserem Kopf. Nachdem der erste Athlet 100 Meter unter zehn Sekunden gelaufen war, haben es plötzlich andere auch geschafft. Früher haben es die meisten Leute auch für unmöglich gehalten, zu fliegen. Welche Grenzen Ihres eigenen Lebens fallen Ihnen ein? Welche „Unmöglichkeit" könnten Sie denn möglich machen?

Dazu der Persönlichkeitstrainer Nikolaus B. Enkelmann:

„Wenn alles im Menschen ist, kommt es darauf an, wie ich die positiven Keimlinge zum Wachsen bringe. Wie kann ich einem Menschen helfen, seine Möglichkeiten durch die Steigerung seines Selbstbewußtseins zu entfalten? Wie kann ich dem Menschen helfen, an sich selbst zu glauben? Und wenn ich glaube, ich bin ein tüchtiger Mensch, dann verhalte ich mich wie ein tüchtiger Mensch. Und wenn ich glaube, ich bin eine Niete, dann verhalte ich mich wie eine Niete.

Dazu eine wichtige Übung: Jeder sollte einmal zehn Punkte aufschreiben, an die er glaubt. Vielleicht glaube ich, ich will ein Buch schreiben. Vielleicht glaube ich noch, daß ich Englisch lernen werde? Vielleicht glaube ich, daß eine höhere Position auf mich wartet? Woran glaube ich ganz konkret?

Dann brauche ich eine positive Erwartungshaltung. Jeder Tag bietet mehr Chancen, als ich nutzen kann. Aber Chancen findet nur, wer Chan-

cen sucht. Und jetzt gehe ich als Optimist daran, herauszufinden, wo es Chancen für mich gibt. Wo wird ein Mensch mit meinen Fähigkeiten gebraucht? Und Sie werden sehen, das Leben ist eine Freude.“

(Aus der ALPHA-Sendung zum Thema „Erfolg“)

Leider glauben die meisten Menschen, daß sie dann erfolgreich werden, wenn sie Konkurrenten ausstechen, die Ellenbogen benutzen und anderen Knüppel zwischen die Beine werfen. Diese Haltung ist uneffektiv, benötigt eine Unmenge an Energie und kann nicht zu persönlichem Erfolg und Zufriedenheit führen. Erfolgreich kann man letztlich nur in Verbindung mit anderen Menschen werden. Und wenn es z.B. der Herausgeber ist, der den Artikel eines Autoren liest, der sich für einen Einzelkämpfer hält.

„Es sind immer die anderen, die uns Türen öffnen oder Türen verschließen.“

(Nikolaus B. Enkelmann)

Denken Sie an das „Gesetz von Aktion und Reaktion“, das der Schweizer Erfolgstrainer René Egli so formuliert hat:

„Was man tut und denkt, das bekommt man zurück oder: Wie man in den Wald hineinruft, so schallt es zurück.“

Eine, wie wir finden, sehr nützliche Sichtweise, zu der uns René Egli folgendes Bild anbietet:

„Die Landwirte sind sehr weise. Die wissen nämlich: Wenn sie Weizen ernten wollen, müssen sie Weizen säen. Der Landwirt regt sich nicht auf, wenn er sieht, dass Weizen wächst und sagt: Verdammt noch mal – ich wollte doch Roggen. Weil er weiß, dass er zuerst Roggen säen muß. Wenn wir das doch in unserem Leben wissen würden, wäre das enorm. Wir Menschen machen das aus irgendwelchen unerfindlichen Gründen immer so, dass wir denken: Wenn ich mal erfolgreich bin, dann wünsche ich den anderen auch ein bißchen Erfolg. Aber so geht das nicht. Beim Landwirt sieht man, wie es geht. Und so funktioniert es auch in unserem Leben. Wenn ich Erfolg möchte, könnte ich nichts Besseres tun, als Erfolg zu säen – allen, die mir begegnen, auch Erfolg zu wünschen. Aber ich wünsche den anderen nichts Konkretes – keinen Ferrari oder ein nettes Haus. Ich weiß ja nicht, was

Erfolg für den Einzelnen bedeutet. Ich wünsche ihm einfach Erfolg. Man kann das immer und überall tun. Einfach so. Deshalb sage ich immer: Vor mir ist jeder sicher. Weil ich nicht so blöd bin und anderen etwas Schlechtes wünsche. Ich weiß ja, wie das Leben funktioniert: Aktion – Reaktion. Ich wünsche jedem nur das Beste.“

(Aus der ALPHA-Sendung zum Thema „Erfolg“)

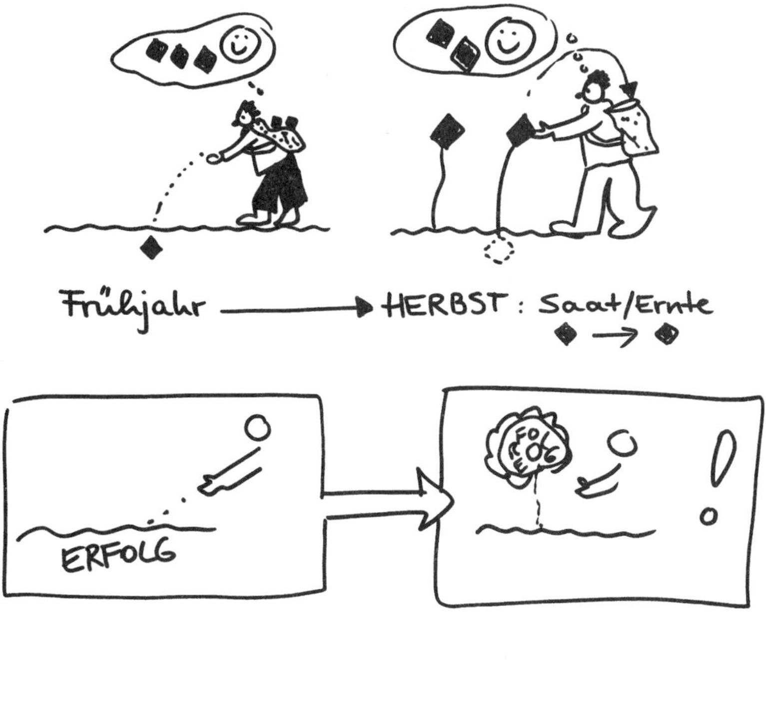

Erfolg:
Wenn ... dann ..., weil ...-Phänomen

„Wenn ich endlich den richtigen Job hätte, dann ...“ „Wenn ich reich wäre, dann ...“ Und warum haben Sie nicht? Warum sind Sie nicht? *„**Weil ...**“*

Wenn, dann und **weil** – kurze Wörter mit vier Buchstaben, schnell und oft dahingesagt und doch auch Wörter mit fatalen Folgen. Denn allzu oft, wenn ich **wenn, dann ...** sage, meine ich: Ich bin mit meinem jetzigen Zustand nicht zufrieden. Das heißt, wir messen unseren momentanen Zustand an einem, der nicht real ist – der nur in der Phantasie existiert.

Leider machen wir das allzu oft zu einem Prinzip. Aber wo wollen Sie glücklich sein, wenn nicht da, wo Sie gerade sind? Jetzt werden viele sagen: „Das sind eben meine Träume.“ Aber solange Träume nicht zu gezielten Handlungen führen, bleiben es Träume. Und Träume gehen in der Regel eben nicht in Erfüllung.

Aber nicht nur, daß wir mit dieser Haltung die Träume nicht wahr machen. Darüber hinaus benutzen wir sie auch noch als **Begründung** dafür, wenn wir etwas **nicht** tun.

Hinter dieser Haltung steckt sehr oft Bequemlichkeit, mangelndes Selbstvertrauen oder die Tatsache, daß wir keine klaren Ziele haben. Wir handeln nicht selbstverantwortlich, machen uns zum Opfer der eigenen Phantasie und stehen uns damit viel zu oft nur selbst im Weg.

Der Persönlichkeitstrainer Nikolaus B. ENKELMANN sagt über den Unterschied zwischen Phantasie und Visionen:

„Wann fangen viele Menschen an, sich ein Bild – eine Vision – von ihrer eigenen Zukunft zu machen? Es müßte doch die wichtigste Frage im Leben eines Menschen sein: Wie sieht mein Leben in fünf oder zehn Jahre aus? Mit welchem Menschen will ich in fünf oder zehn Jahren zusammenleben? In welcher Stadt möchte ich leben? Wie soll mein Privatleben aussehen und wie meine Gesundheit?

*Darum lehre ich immer wieder, man sollte endlich aufhören, **nach**-zudenken und endlich lernen **voraus**-zudenken. Man müßte Ideale entwickeln. Und selbst wenn von den Idealen nur 50 oder 60 % Realität werden, reicht das aus. **Aber die meisten planen ihren Urlaub gründlicher als ihre Zukunft**. Da machen sie ein Jahr vorher schon eine Buchung, aber ihre Zukunft überlassen sie dem Zufall. Je mehr der Mensch heute theoretisch **kann**, um so wichtiger ist es, herauszufinden, was er **will**. Und das haben die Menschen nicht gelernt.*

Wir sind die erste Generation in der Geschichte des Universums mit einer fast grenzenlosen Freiheit. Aber wir haben nicht gelernt, mit dieser Freiheit umzugehen. Wenn Sie in fünf Jahren in Hongkong leben wollen – wer will Sie daran hindern? Wenn Sie in zwei Jahren in Australien leben wollen – wer will Sie daran hindern? Der einzige Mensch, der Sie behindern kann, das sind Sie. Und viele sind stolz darauf, daß sie den Ast, auf dem sie sitzen, … absägen."

(Aus der ALPHA-Sendung zum Thema „Erfolg")

Kennen Sie die folgende Situation? Sie haben Ihren Partner zum Essen eingeladen. Er kommt eine Stunde zu spät, weil er die ausgemachte Zeit vergessen hat. Sie sind seit einer Stunde sauer. Wie gut hätten Sie diese Stunde nutzen können (z.B. um zu lernen)? Aber Sie konnten nicht lernen, weil Sie sauer waren. Endlich kommt er. Was passiert jetzt? Er sucht nach Entschuldigungen oder Rechtfertigungen. Sie äußern Ihre Verärgerung. Sie werfen ihm aber nicht nur das Zuspätkommen vor, sondern auch, daß **wenn** er nicht zu spät gekommen wäre, **dann** hätten Sie die Zeit besser nutzen können. Es kommt zu einem handfesten Streit. Der Abend ist somit **begründet** im Eimer.

Wir schlagen an dieser Stelle ein Experiment vor:

Versuchen Sie in einer solchen Situation einmal, alle Sätze mit **wenn** und **weil** aus ihrer Rede zu streichen. Besonders spannend wird es, wenn Ihr Partner das auch macht. Wenn Sie das einmal ausprobieren, stellen

Sie fest: Ohne vorgeschobene Gründe und Ausreden hat der Einzelne nichts mehr, auf das er sich berufen könnte, und wird sich letztendlich auch nicht mehr so leicht schlecht fühlen, **weil …** Denn was bleibt einem denn übrig, wenn man auf **alle** verbalen Erklärungen, Begründungen und Ausflüchte verzichtet? **Handlungen**! Jeder wird plötzlich nur noch an seinen Handlungen gemessen und nicht an seinen Begründungen, was oder wie er sein könnte oder nicht, **wenn …** Also: Entweder ich bin freundlich oder nicht. Entweder ich bin pünktlich oder nicht. Entweder ich bin den ganzen Abend sauer oder nicht. Und unbegründet sauer sein, macht keinen Spaß.

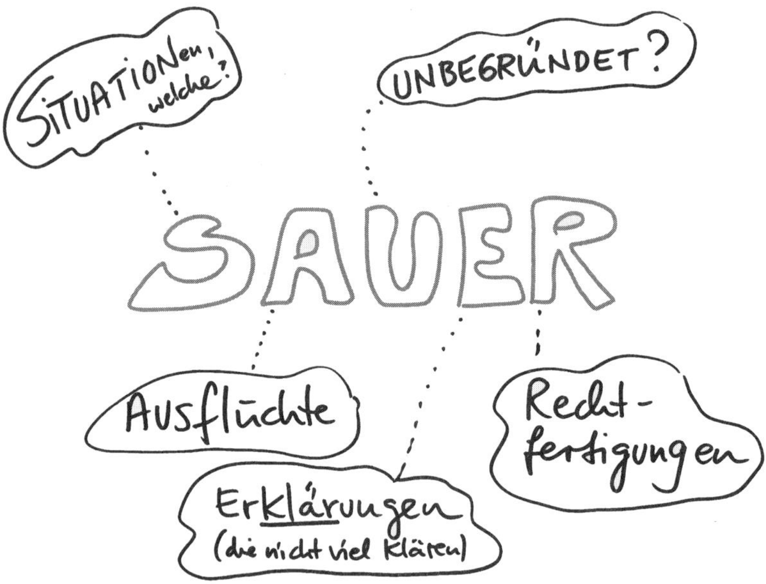

Flexibilität durch zwei uralte Mentaltechniken
Weiser Berater & Safe Place

In seinem Buch *JETZT: Die Kraft der Gegenwart* erzählt der Autor, Eckhart TOLLE, eine kleine Story:

Es war einmal ein **Bettler, der hatte bereits vor Jahrzehnten eine alte Kiste zu seinem Sitzplatz gemacht**, um nicht auf dem harten, kalten Pflaster sitzen zu müssen. Dieser Kiste hatte er noch niemals seine (wache, bewußte) Aufmerksamkeit geschenkt. Aber eines Tages brachte ihn jemand dazu, die Kiste zu öffnen, und siehe da, sie enthielt nicht Bauschutt und Steine (wie er immer geglaubt hatte), sondern Gold, Juwelen, Diamanten…

Im Klartext: Er hatte sein Leben lang auf einem enormen Schatz gesessen…

Meine ersten Assoziationen verknüpfen das Sitzen mit Inaktivität und das Öffnen der Kiste mit Handlungs-Bereitschaft, aber dann begann mir klarzuwerden, was für eine wunderbare Metapher die Story uns anbietet, wenn wir an die Suche nach Sinn denken, auf der ja manche von uns sind:

bitte umblättern

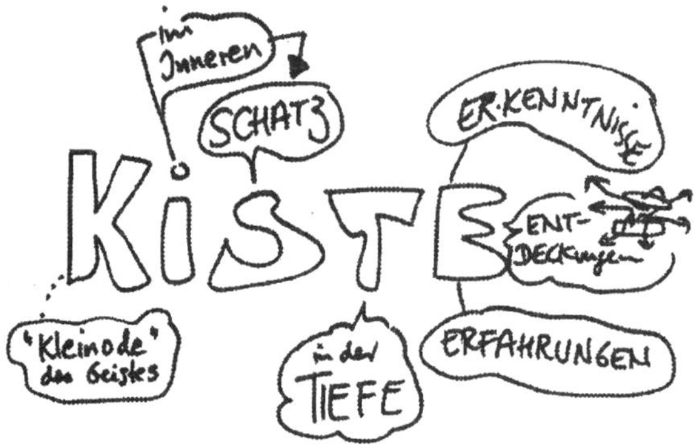

Nun lädt die Story uns ein, uns zu fragen: **Sitzen auch wir vielleicht auf einer „Kiste", der wir zu wenig Aufmerksamkeit zollen?** Natürlich tun wir das! Jede/r von uns! Wenn wir mein **Denkmodell** von 15 mm Bewußtsein contra 11 km Unbewußtes zugrunde legen* dann können wir sagen:

*Forschungsergebnisse** hierzu finden Sie in einem der besten Bücher über die moderne Bewußtseins-Forschung (Thor NØRRETRANDERS: *Spüre die Welt*), mein **Denk-Modell** der beiden **Strecken** (15 mm contra 11 km) finden Sie auch in meinen neueren Taschenbüchern (*Birkenbihl Power-Tag* und im **neuen** *Stroh im Kopf?*, ab der 36. Auflage.)

In den 11 km Unbewußtes stecken **gigantische Mengen** halbvergessener **Erfahrungen und Informationen**, die **normalerweise nie** in unsere 15 mm Bewußtsein dringen.

Nun erhebt sich die berechtigte Frage, ob es eine Möglichkeit gäbe, an **diesen Schatz** heranzukommen. Anders ausgedrückt:

Können wir unser Unterbewußtsein anzapfen (befragen)? Können wir dies **ohne fremde Hilfe** (Hypnose etc.), und vor allem ganz pragmatisch: **Wie** können wir das erreichen? In diesem Zusammenhang fiel mir **eine uralte Technik** ein, die ich nur im Fixstern-Seminar weitergebe. Sie ist phänomenal. Und sie ist einfach zu erlernen! Bereits **in wenigen Wochen** können

Sie beginnen, **Ihre Schatzkiste zu öffnen...** Mit dieser Methode werden Sie Ihr Unbewußtes quasi personifizieren, um anschließend mit Ihrem eigenen Unbewußten (bzw. Teilen davon) Klartext reden zu können! (Im Gegensatz zum Traum, der nach Meinung vieler Experten Botschaften aus dem Unbewußten enthält. Aber erstens ist diese Ansicht seit Freuds Zeiten nicht unumstritten, und zweitens müssen Sie „nehmen, was kommt" im Gegensatz zur Technik des weisen Beraters, bei dem Sie selbst später die Themen bestimmen können, zu denen Sie mit Ihrem Berater Klartext reden können!)

Sie beginnen, Nutzen zu ziehen, indem Sie Fragen stellen, denn die Technik heißt: **Der weise Berater** (bzw. **die weise Beraterin**).

Sie beginnen mit der Umgebung, in der Ihr/e Berater/in lebt, und wo Sie ihn oder sie später besuchen werden, um Ihre Fragen zu stellen und sich beraten zu lassen.

Der weise Berater

Schaffen Sie sich (rein mental!) einen Raum, in dem Ihr zukünftiger Berater lebt. Dieser muß übrigens keine Person sein, Sie können genausogut ein Tier oder eine gute Fee (ja, auch Mickey Maus oder Snoopy!) auswählen. Bei traditionellen Stammesgesellschaften handelt es sich in der Regel um ein Totem-Tier, mit dem der einzelne oder sein Stamm verbunden ist.

Aber die meisten Menschen fühlen sich wohler, einen geistigen Raum zu schaffen, in dem ein weiser Mensch (die sprichwörtliche weise alte Frau, der weise alte Mann) lebt, zu dem man (mental) hingeht (z.B. einige Stufen HINAB,

Wer Carlos CASTANEDAS brillantem Rat, den eigenen Tod als Ratgeber zu wählen, folgt, kann, wenn er Mut hat, diesen in jenem Raum „wohnen" lassen. CASTANEDAS Tod-als-Ratgeber sitzt quasi immer unsichtbar auf unserer linken Schulter, Sie bräuchten also nur (mental) den Kopf nach links wenden und Ihre Frage stellen.

Vgl. auch den Beitrag *Ratgeber, teuerster der Welt!*, S. 162 ff.

über eine wunderbare WIESE zu einer HÖHLE etc.). Diese Schöpfung dauert eine gewissen Zeit: minimum einige Tage, meist zwei bis vier Wochen – wenn Sie täglich ein bis zwei Mal daran „basteln".

Lassen Sie sich bei der Erschaffung des Raumes und seines „Bewohners" bereits von Ihrem Unterbewußtsein leiten. Erzwingen Sie nichts! Sagen Sie sich innerlich: *Ich gehe auf die Suche nach meinem Ratgeber.* Dann lassen Sie sich Zeit. Bald merken Sie, ob Sie **Stufen, Wasser, Bergpfad, Blumenwiese** und eine **Höhle** (typische alte Vorstellungen) angeboten bekommen. Vielleicht aber möchte Ihr Unterbewußtes eine andere Art, mit Ihnen zu sprechen (insbesondere wenn Sie noch jung sind), dann sehen Sie vielleicht einen TV-Charakter Ihrer Jugend, zu dem Sie Vertrauen hatten (Flipper, Lassy) in seinem normalen Umfeld. Vielleicht begegnet Ihnen sogar ein Comic-Charakter (Snoopy auf seiner Hundehütte liegend!)... Lassen Sie es auf sich zukommen. Übrigens kann Ihr *Ratgeber* wirklich *jede* erdenkliche *Form annehmen.* Neulich rief mich ein Leser meines monatlichen Coaching-Briefes an, weil er sich Sorgen machte über das, was sein Unbewußtes ihm da „anbot", als er versuchen wollte, sich einen „menschlichen" Berater aufzubauen:

Leser: *Sie werden lachen; ich habe den Versuch unternommen und sehe andauernd nur meinen Computer, da kommt keine Wiese, keine Höhle, nicht einmal Deep Space 9*; ich wollte mir nämlich einen Berater ausdenken, der dann dort „wohnen sollte"... aber über meinen Computer kam ich nie hinaus. Was mache ich falsch?*

Gegenfrage: Chatten Sie viel**?

Leser: *Klar doch. Fast täglich.*

Gegenfrage: *Könnte man Sie als Computer-Kid beschreiben?*

Leser: *Hundertpro. Meinen ersten sah ich bei einem Freund mit 9 Jahren, bald hatte ich selbst einen, inszwischen bin ich Programmierer geworden, um mein Hobby als Broterwerb zu nutzen. Es heißt zwar, man solle sein Steckenpferd nicht melken, aber ich finde das echt supi. Wahrscheinlich ist das immer der Hintergrund, wenn man von „Berufung" spricht.*

Nun konnte ich ihm meine Antwort anbieten:

Dann ist tatsächlich anzunehmen, daß der Computer, der Ihnen quasi „erschienen ist", Ihren Versuchen, sich einen Berater zu schaffen, ***nicht*** *entgegensteht, sondern* ***Teil der Strategie Ihres Unterbewußten ist!*** *Warum sollten Sie es nicht mittels Computer befragen, wenn Sie gerne chatten. Dann ist genau das die Art, in der Sie später Ihre Fragen stellen werden und so werden dann auch die Antworten ausfallen.*

P.S.: Ca. zwei Monate später kam ein Fax von ihm:

Danke, es klappt bestens; allerdings implementiere ich gerade Speaking Software zum Diktieren und für die Kommandos an den Computer; ich nehme an, ich werde wohl bald verbal „chatten" können…

Lassen Sie sich beim Finden Ihres Beraters und beim Aufbau seines oder ihres Umfeldes ein wenig Zeit und wagen Sie es, sich auf das, was

*Deep Space 9: Teil des Star-Trek-Universums, eine Raumstation mit dem Namen DEEP (tiefer) SPACE (Raum); dies könnte natürlich eine gute Metapher für TIEFE sein, wenn jemand auf der Suche ist…

**„chatten" = sich (derzeit noch) per Tastatur mit anderen Menschen im internet zu unterhalten; es entsteht quasi ein geschriebener Dialog von zwei (oder mehreren) Personen. Der Begriff leitet sich vom Englischen „chat" (quatschen, ratschen, s. unterhalten) ab.

aus Ihrer eigenen Tiefe nach oben driftet, einzulassen! Hören Sie auf die Impulse aus Ihrem Inneren. Dann wird mit Sicherheit eine Figur oder ein Kommunikations-Mittel irgendeiner Art „erscheinen".

Nachdem der Ort „steht", können Sie beginnen, vorsichtig erste (noch einfache) Fragen zu stellen. Bitte bedenken Sie, daß Sie Ihr Unbewußtes „personifiziert" haben, und daß Ihr bewußtes Denken und diese/r Sprecher/in erst lernen müssen, miteinander umzugehen. Beginnen Sie also sachte, bis Sie ein wenig Übung darin haben. Und bedenken Sie nach dem Stellen Ihrer Frage jeweils auch:

Wiederholtes Auseinandersetzen mit bestimmten Inhalten bewirkt, daß langsam eine Menge aus der TIEFE „auftauchen" kann. Merke: Wiederholtes Stellen derselben Frage an Ihren Berater hat einen ähnlichen Effekt!

Es kann manchmal etwas dauern, bis Antworten aus der TIEFE „auftauchen". Also heißt es eingangs: warten. Und die Antworten kommen. Sie kommen immer, wenn Sie es zulassen. Das allerdings müssen manche Menschen richtig lernen: es zuzulassen.

Die Erfahrungen zeigen immer wieder: Wer diese langsame Anfangsphase gut durchsteht, wird später REICH belohnt (das ist der Schatz, den Sie heben wollen!). Später kann man nämlich regelrechte Dialoge (in Normalzeit) mit dieser Ratgeber-Persönlichkeit führen! Wenn Sie also Ihre/n Berater/in gefunden und sich aneinander gewöhnt haben, dann können Sie sich wann immer Sie wollen zu ihm/ihr „hin"-begeben und eine Frage stellen, die Sie derzeit besonders bewegt.

Übrigens erzählte mir eine holländische Teilnehmerin einmal, sie hätte **zwei Berater**: zum einen ihren Individual-Coach (eine extrem weise Eule aus einem Kindermärchen) und zum anderen einen Gruppen-Berater, den sie immer mit zwei Freundinnen zusammen befragt, indem sie und ihre Freundinnen öfters ein **Ouija-Brett** benutzen. Sie hätten schon lange die Idee aufgegeben, daß sie mit den Geistern von Verstorbenen sprächen, sie benutzen es **de facto als persönlichen Ratgeber** (in der Gruppe). Sie erzählte, wie sehr es ihr helfe, sich mit den anderen an den Tisch zu setzen und zu warten, bis der Zeiger von Buchstabe zu Buchstabe gleite.

Ein **Ouija-Brett** ist ein Hilfsmittel, mit dem einzelne Felder für *Ja, nein, vielleicht*, sowie alle Buchstaben und Ziffern stehen. Übrigens führte dies zum Namen: Französisch (**oui**) und deutsch bzw. holländisch (**ja**) wurden zusammengezogen, zu: Ouija (siehe auch *Pendel und Ouija-Brett*, S. 60)

Dies entspricht der Erfahrung vieler anderer Menschen, daß es manchmal etwas Zeit dauert, bis Antworten „auftauchen". Eine Technik, die nur langsame Antworten ermöglicht, ist daher gut geeignet. Ähnlich ist es, wenn Ihr/e Beraterin ein weiser älterer Mensch ist, da erwartet man ja auch keine aus der Pistole geschossenen Antworten. Gleiches gilt für Tiere als Berater (oder alle anderen möglichen Wesen oder Wesenheiten).

Wenn Sie also Ihre/n Berater/in gefunden haben, dann begeben Sie sich ab und zu zu ihm/ihr und stellen eine Frage, die Sie derzeit besonders bewegt. Dann warten Sie ab. Und aus den tiefsten Schichten Ihres Unterbewußtseins kommen die Antworten.

Wenn Sie diese Strategie praktisch umsetzen wollen, dann entscheiden Sie nun bezüglich des Einstiegs und Aufbaus:

1. Wollen Sie sofort beginnen?

*Täglich? Nur anfangs sollten Sie sich sehr oft Zeit nehmen, um jenen Raum-mit-Berater/in aufzubauen. Danach können Sie diesen speziellen Ort „besuchen“ wann immer Sie wollen!

2. Wann wollen Sie ihre täglichen* „Aufbau-Sitzungen“ (die natürlich auch im Liegen absolviert werden können) durchführen (früh, mittags, abends)?
3. Werden Sie eher einmal pro Tag (ca. 15 Minuten) in diesen wichtigen Aufbau investieren oder lieber zweimal ca. 7–8 Minuten? (Es darf natürlich auch mehr sein…)

Pendel und Ouija-Brett

Die meisten Menschen haben vom Pendel schon das eine oder andere gehört und sind eher NEGATIV dazu eingestellt, vor allem jene, die es selbst noch nie ausprobiert haben! Da behüte uns unser Vor-Urteil davor, daß wir eine eigenständige MEIN-ung entwickeln sollen, wenn wir doch schon eine (negative) ÄNDER-ung besitzen! Wagen Sie es, sich eine eigene MEIN-ung zu bilden, auch auf die Gefahr hin, daß es eine Positive werden könnte? Dann lesen Sie hier weiter…

1. Pendel

Ein Pendel besteht aus einer Schnur (oder einem dünnen Kettchen), an welchem ein (kleines) Gewicht so befestigt ist, daß das Pendel knapp über der Tischplatte schweben kann.

Die pendelnde Person sollte (zumindest anfangs) so sitzen, daß der Ellbogen aufgestützt und das Pendel lose herunterhängt und über der Platte schwebt. Offiziell (bewußt) versucht der Pendler oder die

Pendlerin das Pendel absolut **nicht** zu bewegen. Früher meinte man, ein Geist aus einer anderen Welt würde das Pendel „führen", inszwischen gehen wir davon aus, daß unser Unterbewußtsein zu den Mikro-Bewegungen führt, die man mit nacktem Auge nicht (mit Hochgeschwindigkeits-Kameras und anderen Meßmethoden aber sehr wohl) wahrnehmen kann. Diese mikroskopisch kleinen Bewegungen versetzen nun die Schnur (das Kettchen) in Schwingungen. Diese können gerade oder in Kreisen verlaufen.

Dabei legt man fest, **welche Schwing-Richtung welche Antwort bedeuten soll**. Es lohnt sich, es einmal auszuprobieren und sich selbst ein Urteil zu bilden. Am Besten beginnen Sie mit ganz einfachen ersten Fragen:

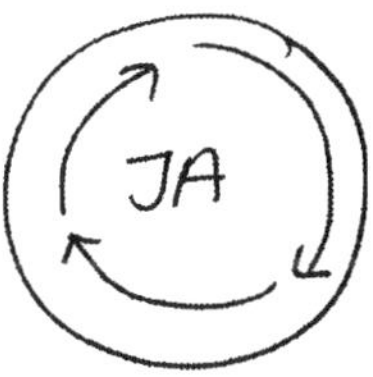

Erste Fragen:

1. **Nur Ja/Nein Fragen**, z.B.: Wurde ich im Jahre 1946 geboren? Ist mein Geburtsort München? Habe ich mein erstes Buch im Alter von 25 Jahren veröffentlicht? Usw.

2. **Nur Fragen, deren Antwort Sie bereits kennen:** z.B. Wurde ich im Jahre 1946 geboren? (Ja) Ist mein Geburtsort München? (Ja) Habe ich mein erstes Buch im Alter von 25 Jahren veröffentlicht? (Nein, ich war 26!) Usw. Mit solchen bekannten Antworten finden Sie heraus, ob Ihr Pendel bei Ja lieber einen Rechtskreis macht oder eine Bewegung nach vorne/hinten (oder was auch immer). Es ist weit besser, auch das Prozedere mit Ihrem Unbewußten abzustimmen, als eine

Wurde ich in München geboren?
❑ Ja ❑ Nein

Liegt München in Deutschland?
❑ Ja ❑ Nein

Heißt der Kontinent Europa?
❑ Ja ❑ Nein

Ist das auf dem Planeten Erde?
❑ Ja ❑ Nein

der gängigen Möglichkeiten mit dem Bewußtsein auszuwählen.

Bin ich die ersten Monate gerne in den Kindergarten gegangen?
Ja ❑ Nein ❑

3. **Wenn Sie einen Modus für die Antworten bestimmen konnten, dann (und erst dann!) stellen Sie vorsichtig die ersten Ja-Nein-Fragen, deren Antworten Sie noch nicht kennen.** Gut geeignet sind Fragen bezüglich Ihrer Kindheit, deren Antworten von anderen (noch lebenden) Menschen verifiziert werden können. Nachdem auch das schon ganz gut klappt, können Sie die ersten Problem-Fragen stellen...

Sie sehen, man muß schon ein wenig Mühe aufwenden, um mit einem Pendel „arbeiten" zu können. Es ist weder ein Party-Gag noch Humbug, es ist nur, was Sie aus ihm machen!

2. Ouija-Brett

Ein **Ouija-Brett** ist ein Hilfsmittel, mit dem **ohne bewußtes Zutun** der Gruppen-Mitglieder (s. S. 59) einzelne Felder „ausgewählt" werden können, und zwar: **Ja, Nein** und **vielleicht** (sowie alle Buchstaben/Ziffern für ausführliche Antworten.)

Allerdings kann es ziemlich lange dauern, wenn längere Botschaften Buchstabe für Buchstabe übermittelt werden. Zwar kann die Gruppe durch Raten angefangene Wörter ergänzen und durch schnelle Ja-/Nein-Antworten so manche einzelne Buchstaben sparen, aber es ist eine Kommunikationsform, die viel Zeit braucht.

Wohl deshalb war das Ouija-Brett zwischen 1850 und 1890 ein Alltags-Gegenstand in vielen Häusern, bis Anfang des 20. Jahrhunderts war es immer weniger en vogue, dann flaute das Interesse ab und nach dem zweiten Weltkrieg verschwand es völlig von der Bildfläche.

Denn wir begannen in die Neuzeit einzutreten, in der die Zeit so wichtig wurde, daß der Slogan *Zeit ist Geld* zum Motto vieler wurde, und in einer Zeit, in der man keine Zeit hat, kann man natürlich auch keine Zeitvertreibe mehr brauchen, bei denen Botschaften (egal woher sie letztlich kommen) in Zeitlupe kommuniziert werden.

Frühcr mcintc man, man spräche mit den Geistern von Toten oder anderen Wesenheiten von „drüben", weil man vor dem Denk-Modell des Unbewußten keine Möglichkeit hatte, diese Botschaften einzuordnen. Ich will damit **nicht** sagen, es gäbe keine solchen Wesenheiten, dazu möchte ich mich nicht äußern; ich halte lediglich fest, **daß einige moderne Forscher annehmen, die Antworten kämen aus dem kollektiven Unbewußten der Mitspieler/innen**. Heute ist es also durchaus möglich, diese faszinierende Technik ohne einen „Glauben" an andere „Welten" zu nutzen, wenn Sie wollen.

Ich habe die Formulierung oben (ohne bewußtes Zutun der Gruppenmitglieder) bewußt gewählt, denn:

1. Pendel und Ouija-Brett gehören beide in die Kategorie der **Hilfsmittel, bei denen „etwas" aus der TIEFE auftauchen kann.**
2. Das **Pendel** ist ***für einzelne*** gut geeignet.
3. Das **Ouija-Brett** ist ein ***Suchverfahren für Gruppen.***

P.S.: Man kann auch mit dem Pendel auf dem Ouija-Brett pendeln...

BEACHTEN der Ratschläge
REPER-TOIRE
TRAINING
REICH-tum (innerer)
BERATER
ENT wicklung faltung
Aha!
TECHNIK
Er·WEITERung unserer Möglichkeiten

Frosch oder Adler?

Der bekannte amerikanische Psychologe Wayne Dyer teilt die Menschen in **Frösche und Adler** ein.

Was will er damit sagen? Nun, erstens, daß Frösche viel quaken, und zweitens, daß die Welt aus der Frosch-Perspektive außerordentlich gefährlich, bedrohlich und oft „schlimm" wirken muß. Letztlich will Wayne Dyer darauf hinaus, daß Adler den besseren Überblick haben und im Zweifelsfall **handeln** statt ständig herumzumeckern, zu jammern, zu lamentieren usw. (also zu quaken). Die Metapher hat mich nachdenklich gemacht und zu weiteren Überlegungen geführt: Wenn wir bedenken, daß der Frosch seinen Nachwuchs der Umwelt übergibt, während der Adler seine Jungen selbstverantwortlich aufzieht, dann verstehen wir auch, warum Dyer den Frosch mit Menschen, die wenig Verantwortung für ihr Leben übernehmen verbindet, die Adler hingegen als erfolgreiche Menschen sieht, die ihr Leben sehr wohl selbstverantwortlich managen. Diese Parallele ist auf unsere Prägung durch Erziehungs-Programme übertragbar, denn: Was uns umgibt, das wird uns prägen, weil wir diese Verhaltensweisen und Einstellungen „per Osmose" (d.h. durch Imitation) **unbewußt** übernehmen. Daher erheben sich folgende Fragen:

„Sage mir, mit wem du umgehst, so sage ich dir, wer du bist. Weiß ich, womit du dich beschäftigst, so weiß ich, was aus dir werden kann."
J. W. von Goethe

bitte umblättern

1. Was hat Sie in Ihrer **Kindheit** umgeben (und geprägt)?
2. Was hat Sie in Ihrer **Jugend** geprägt?
3. Was hat Sie als **Erwachsene/r** geprägt? Und:
4. Wovon sind Sie **heute** umgeben?

Ist man von ewigen Lamentierern umgeben, dann wird man deren Grundhaltung unbewußt übernehmen. Solche Frösche erkennen Sie an ihren typischen Redewendungen, wie:

- Da kannst du nichts machen.
- Ich kann nichts dafür!
- Der/die sowieso hat mich geärgert!
- Gegen die kommst du nicht an.
- Da bist du hilflos!
- Jeder hat seine Last zu tragen!
- Der Einzelne kann gar nichts unternehmen und ausrichten!

Achten Sie darauf, womit Sie sich bewußt umgeben, z.B. welche Medien, Personen, Bücher Sie bevorzugen.

Das sind Frosch-Programme

Was uns umgibt, das wird uns prägen. Und was uns prägt, das halten wir für „die Welt". Frösche geben anderen die Macht, sie zu ärgern, und geben ihnen dann die Schuld, weil sie die Verantwortung für ihre eigenen Gefühle nicht übernehmen. Wenn wir es genau überlegen, ist es geradezu pervers. Von einem Vierjährigen erwartet niemand, daß er seine Gefühle unter Kontrolle hat aber von einem 40jährigen? Nun, wenn dieser ein Frosch ist, dann fühlt er sich genauso hilflos wie das Kind. Als Adler hingegen „sieht" er das völlig anders …

Je stärker die Frosch-Ausrichtung in Ihrem Leben bisher war, desto „unmöglicher" erscheinen Ihnen solche Gedanken. Das Fatale ist, daß Frosch-geprägte Menschen zunächst glauben, Verantwortung zu übernehmen gleiche dem Übernehmen einer großen Bürde! Aber Adler übernehmen Verantwortung und sind mächtige Tiere! Nicht umsonst haben viele Nationen den Adler im Wappen oder in der Staatsflagge! Wir sollten uns fragen, woher unsere Angst vor Verantwortung kommt. Antwort: Aus unserer Vergangenheit. Genauer: Aus unserer ganz persönlichen Vergangenheit, die von bestimmten Menschen auf eine bestimmte Weise geprägt wurde! Also ist unsere Einstellung hierzu das Resultat eines Lernprozesses. Lernprozesse können jedoch ent-lernt und geändert werden. Vgl. dazu die Idee in der Marginalie.

So paradox es für manche Menschen klingen mag, Tatsache ist: **Je mehr Verantwortung wir übernehmen, desto mehr Macht gewinnen wir.** Wenn Sie Verantwortung übernehmen und zu Ihren Fehlern stehen, geben Sie keinem Menschen die Macht, Sie zu „ärgern" (frustrieren, nerven usw.). Sie brauchen keine Energie auf „krampfhafte" Rechtfertigungen (mehr) zu verwenden.

Je „leichter" es Ihnen auf Anhieb fällt, mit dieser Idee „klarzukommen", desto mehr Glück haben Sie in Ihrem bisherigen Leben gehabt, weil Sie nicht allzu Frosch-mäßig geprägt worden waren. Oder aber Sie sind ein Ex-Frosch, der sich bereits aus eigener Kraft zum Adler gewandelt hat! Das ist weniger Glück (wiewohl es vielleicht Ihr Glück war, solchen Gedanken rechtzeitig zu begegnen!); Sie haben sich aus eigener Kraft zum Luftreich des Adlers emporgeschwungen. Gratuliere!

Je schwerer es Ihnen (noch) fällt, desto mehr **waren** Sie in der Vergangenheit das „Opfer“ von Menschen, die Sie (sicher ohne bösen Willen) stark Frosch-mäßig geprägt haben. Aber das müssen Sie nicht bleiben. Ich möchte als „Mutmacher“ ein **beeindruckendes Beispiel** (das Ken BLANCHARD in einem seiner zahlreichen Bücher verwendet hat) hierzu anbieten:

Ein Taxifahrer in New York sitzt in seinem ziemlich verdreckten und verwahrlosten Taxi und hörte Radio. Sie müssen wissen, daß es in der englischen Sprache das Wort „Fahrgast“ nicht gibt. Er wartet auf ein „fare“, quasi eine „Fuhre“. Das Taxi ist verdreckt, weil seine unmöglichen Kunden ohnehin nur Löcher in die Sitze brennen. „Die machen mir alle den Wagen kaputt und kümmern sich nicht darum!“ So ungefähr sehen seine Frosch-Programme aus. Er steht ziemlich weit hinten in der Schlange am Bahnhof, die nur langsam vorrückt. Es regnet, und er ist schlecht gelaunt. Er hört im Radio diesen Wayne DYER, der in einem Interview sagt, man könne Menschen in Frösche und Adler einteilen. Plötzlich wird dem Taxifahrer schlagartig klar, daß da über ihn gesprochen wird. Mittlerweile ist er in der Schlange schon weit vorgerückt und würde bald eine Fuhre bekommen, aber er ist so betroffen, daß er ausschert, an den Stadtrand fährt und dort im Grünen in aller Ruhe nachdenkt. Und zwar denkt er bildlich, er sucht eine Metapher.

Eine Metapher ist ein indirekter Vergleich. Welche Metapher verwendet der Taxifahrer eigentlich mehr oder weniger bewußt für seine „Kunden“? Ist sein Kunde Feind oder Freund?

Und da fällt ihm als Metapher das Wort „Gast“ ein, das seine Sprache in diesem Zusammenhang nicht kennt, so daß es von ihm aus gesehen ein echt kreativer Akt ist. Er überlegt weiter: *„Wenn mein Haus so verdreckt wäre wie mein Taxi, dann würde ich niemanden hereinlassen. Wenn jemand zu mir nach Hause als mein Gast käme, dann würde ich ihm die Tür öffnen. Wenn jemand zu mir nach Hause käme, mit dem ich persönlich noch nicht bekannt bin, dann würde ich mich ihm auch namentlich vorstellen. Ich würde einem Gast etwas zu trinken anbieten …“*

Dank dieser Metapher hat der Taxifahrer sein berufliches Leben umgestaltet. Es gibt ihn tatsächlich:

Heute hat er ein blitzblank geputztes Auto, kommt in einer adretten Uniform, öffnet den Gästen den Schlag, bietet ihnen zu trinken an, überreicht seine Visitenkarte. Der Gast kann Musik auswählen und über Kopfhörer oder Lautsprecher hören. Er kann Zeitung lesen. Er wird wie ein Gast behandelt, bekommt Kaffee mit Koffein oder ohne, Tee oder kalte Getränke.

Dieser Mann ist auf Wochen ausgebucht, er steht nicht mehr am Bahnhof und wartet. Er führt ein völlig anderes Leben, und er hat Freude an dem, was er tut.

Das ist die Macht einer Metapher. Ich möchte Ihnen vorschlagen, **bei allen wichtigen Fragen (und Problemen) darüber nachzudenken, welche Metaphern Sie gerade verwenden bzw. verwenden könnten.**

Vgl. auch den Beitrag *Kreatives Denken mit-* ***KaWa***©, S. 117 f.

Die meisten Metaphern bleiben unbewußt; erst das regelmäßige Forschen fördert sie zutage. Deshalb sollten wir uns auch mit analogem Denken, z.B. mit **Ka**W**a**©s, befassen.

KaW**a**© hilft Ihnen, alte, gewohnte (programmierte) Denk-Rillen zu verlassen! Durch die BEGRENZ-ung auf die Buchstaben des Themen-Begriffs schaffen wir eine künstliche Limitation, welche die Kreativität „reizt".

Das hieße: Zwei **Ka**W**a**©s Eines mit FROSCH, eines mit ADLER.

Auch das Konzept Frosch/Adler ist eine Metapher. Denken Sie öfter darüber nach, was Frosch-Sein oder Adler-Sein alles bedeuten könnte. Sie werden erstaunliche Einsichten gewinnen. Vielleicht haben Sie Lust, beide Begriffe als **Ka**W**a**© zu bearbeiten?

Lebenswichtige Aufgabe: Achten Sie doch bitte einmal **eine Woche lang** bewußt darauf, wie viele Frosch-Aussagen Sie ständig und überall zu hören bekommen, insbesondere in den Medien. **Achtung: Sie könnten erschüttert sein!** Aber bitte bedenken Sie auch:

1. Je weniger Frösche in Ihrer Umgebung sind, desto leichter wird die Aufgabe; also spricht ja nichts dagegen …
2. Je mehr Frösche Sie jedoch aufspüren, desto wichtiger war es, daß Sie sich dieser Such-Aufgabe gestellt haben. Denn diese Frösche beeinflussen Sie, Tag für Tag, Woche für Woche, Monat für Monat …
3. Wir können eine Menge tun, wenn wir begreifen, was „los" ist. Das ist die Grundlage. Und solche Inventur-Aufgaben stellen die ersten wichtigen Schritte dar. Die Schritte al-

lerdings, welche die meisten Menschen nicht gehen. Keine Zeit, meinen sie. Na ja.

4. Sie als Leser/in dieses Buches sind nicht wie die meisten, Sie sind nicht „Durchschnitt“, Sie sind nicht „normal“, sonst hätten Sie dieses Buch nicht bis hier gelesen. Gratuliere! Es gibt einen interessanten Effekt: Die Guten (die sich sowieso bereits auf dem Weg befinden) können wir besser machen. Den anderen haben wir nichts zu bieten …
5. Übrigens sollten Sie diese „Hausaufgabe“ im Optimalfall spätestens nach drei Monaten wiederholen. Am leichtesten fällt Ihnen das, wenn Sie sich ein Stichwort in Ihren Terminkalender (oder auf einen Zettel an den Badezimmerspiegel) schreiben. Im Termin-Planer können Sie diesen Eintrag als „Termin“, z.B. mit einem „Herrn Frosch“, an jedem ersten Montag zum Quartalsbeginn eintragen (also für die jeweils ersten Woche im Januar, April, Juli und Oktober).

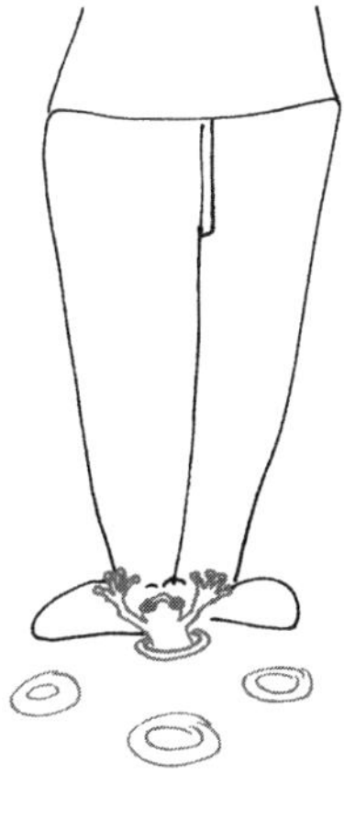

Fazit: Wir können ein „Frosch-Leben“ führen und die Welt **von unten** sehen. Jedes Wesen, das größer als 50 Zentimeter ist, ist für uns eine Gefahr! Alles, was sich bewegt, ist für unsere Frosch-Augen „unsichtbar“. Wir können keine Farben und keine Formen wahrnehmen. Vom WESEN-tlichen einer menschlichen Welt können wir aus dieser Perspektive nicht viel erkennen. Oder wir können die Adler-Metapher für unser Leben wählen. Denn, und das ist das Wesentliche: Wir können wählen!

Gelassenheit

Neben den vielen wertvollen Sichtweisen, die uns unsere Gesprächspartner näher gebracht haben, erscheint uns eine Haltung sehr kraftvoll, weil sie viele der verschiedenen Erkenntnisse vereint: Wir nennen sie „Gelassenheit".

Gelassenheit steht für:

- Heiterkeit.
- Achtsamkeit und Entspannung.
- Toleranz.
- Sich und andere immer wieder jeden Tag, jeden Moment neu zu sehen.
- Das Leben zu akzeptieren, wie es ist, und wann es stattfindet – nämlich jetzt.
- Nicht alles zu bewerten und zu beurteilen.
- Volle Verantwortung für das zu übernehmen, was man macht, denkt und was einem passiert (siehe dazu auch den Beitrag zu „Frosch oder Adler?", S. 53 ff.).
- Stets so zu handeln, daß die Anzahl der Möglichkeiten wächst. (Siehe dazu auch die Beiträge zu „Erfolg", S. 47 ff. und 50 ff.)

Für uns demonstriert die folgende alte chinesische Parabel in hervorragender Weise, was Gelassenheit sein kann. Man kann über die Dinge, die einem im Leben geschehen, oft nicht sagen, ob sie wirklich gut oder schlecht sind:

In einem kleinen Dorf lebte einmal ein Bauer. Dieser hatte ein Pferd. Dieses Pferd war alles, was er besaß. Es half ihm, das Feld zu pflügen, die Ernte einzufahren und die Früchte zum Markt zu bringen.

Eines Nachts gab es ein fürchterliches Gewitter. Es blitzte und donnerte so sehr, daß das Pferd des Bauern das Gatter durchbrach und wegrannte. Am nächsten Tag kamen die Nachbarn zu dem Bauern und sprachen: „Armer Mann – jetzt hast Du alles verloren, was Du hattest.

Welch Unglück, daß Dein Pferd fortgelaufen ist."

Der Bauer hörte sich die Klagen der Nachbarn an und sagte: „Mag sein."

Am nächsten Tag kam das Pferd des Bauern zurückgetrabt. Dahinter lief ein junges Wildpferd, das ihm direkt ins Gatter folgte. Als die Nachbarn davon hörten, kamen sie herbei und sagten zu ihm: „Du bist ein Glückspilz – jetzt hast Du sogar zwei Pferde."

Der Bauer hörte sich die Reden der Nachbarn an und sagte: „Mag sein."

Am nächsten Tag versuchte der Sohn des Bauern, das junge Wildpferd zuzureiten. Doch kaum war er aufgesessen, warf ihn das Pferd wieder ab. Er stürzte so schwer, daß er sich beide Beine brach. Diesmal kamen die Nachbarn und sagten voller Mitleid: „Du armer Mann, jetzt ist Dein Sohn verkrüppelt – ein größeres Leid kann nicht geschehen."

Doch der Bauer erwiderte nur: „Mag sein."

Am nächsten Tag verbreitete sich die Botschaft im Land, daß ein Krieg ausgebrochen sei. Die Häscher des Kaisers erschienen, um die jungen Männer des Dorfes einzuziehen. Doch sie nahmen nur die gesunden und kräftigen Männer mit. Der kranke Sohn des Bauern blieb verschont. Die Nachbarn kamen und beglückwünschten den Bauer: „Wieviel Glück Du doch hast, daß Du Deinen Sohn behalten kannst. Das Schicksal meint es wirklich gut mit Dir."

Der Bauer hörte den Nachbarn zu und antwortete: „Mag sein."

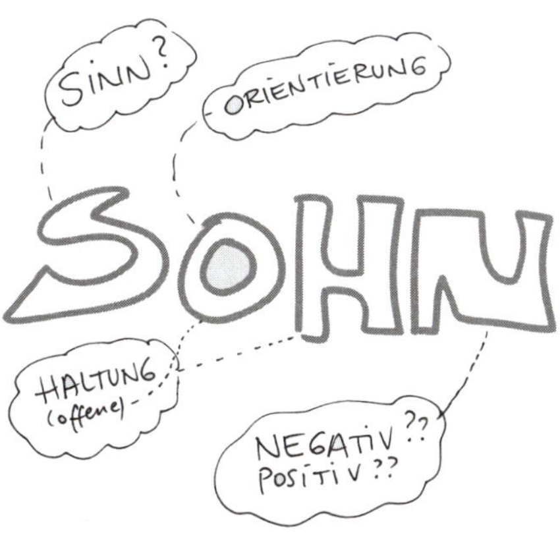

Hier & Jetzt

Halten Sie die Zeit für eine feste Einheit? Eine absolute Größe? Die Wissenschaftler sagen uns, daß sie das nicht ist, sondern ein von unserem Denken erschaffenes Konstrukt, welches uns hilft, Abfolgen zu begreifen, neue Zusammenhänge herzustellen und Erlebnisse im menschlichen Leben in Reihenfolgen ordnen zu können. Der Philosophie-Professor und Zeitforscher Karlheinz GEISSLER hat uns interessante Sichtweisen zum Phänomen „Zeit" dargestellt:

„Die Zeit existiert nicht als Gegenstand, sondern nur als Ordnungssystem. Wir bezeichnen die Veränderungsprozesse der Welt mit ‚Zeit'. Früher wurde die Zeit an den Zyklen der Natur festgemacht – an Sonnenauf- und Sonnenuntergang oder an Jahreszeiten. Seit Anfang der Renaissance machen wir sie an Messinstrumenten – an Uhren – fest. Wir haben uns gesellschaftlich entschlossen, Zeit und Geld aneinanderzukoppeln und Zeit wurde wertvoll. Heute wird Zeit für immer wertvoller gehalten, und was wertvoll ist, muß gespart werden. Und in dem Maß, wie sie uns durch Koppelung an Geld immer wertvoller erscheint, desto mehr Zeit müssen wir sparen. Und so haben wir unseren Güternotstand mit einem Zeitnotstand erkauft und die Bereiche, die Zeit brauchen, werden in unserer Gesellschaft diskriminiert: Manches, z.B. Reifungsprozesse (Heilung, Kindererziehung), kann man nicht beliebig beschleunigen. Also brauchen wir neben der Schnelligkeit auch Langsamkeit. Unser Ziel muß es sein, Zeit nicht nur zu organisieren, sondern Zeit auch zu leben."

(Aus der ALPHA-Sendung zum Thema „Zeit")

Zeit ist also ein Grundstein unseres Weltbildes. In dem Maß, in dem wir uns von den Naturkreisläufen abgewendet (die Nacht zum Tag gemacht) haben, ist unser Zeit-Weltbild linear geworden. In unserem Zeit-Weltbild leben wir in der Vergangenheit, der Gegenwart und der Zukuft. Vergangenheit ist dabei die logische Voraussetzung für die Gegenwart und diese wiederum ist Voraussetzung für die Zukunft. Die Zeitverknappung führt zu dem Problem, daß wir immer mehr unbewältigte Vergangenheit mit in die Gegenwart schleppen und uns gleichzeitig immer weiter in die Zukunft orientieren. Aber weder Hoffen auf eine schöne Zukunft noch die Erinnerung an die schöne Vergangenheit helfen uns zu einem schönen Leben in der Gegenwart. Wir können sie nahezu nicht mehr er-LEBEN. Dabei ist das Jetzt die einzig reale Zeit. Denn nur im Jetzt können wir etwas bewirken. Das Leben findet im **Jetzt** statt.

Vergangenheit und Zukunft sind im Jetzt nicht existent. Klare Ziele setzen und Visionen haben, sind überaus wichtige Bausteine zum persönlichen Erfolg (siehe dazu auch die Beiträge „Erfolg", S. 47 ff. und 50 ff.). Aber wenn wir nicht handeln, werden wir auch keinen Unterschied machen. Viele hoffen aufs nächste Leben – auf spätere, bessere Zeiten. All das bringt jedoch nichts.

Der Erfolgstrainer René EGLI bietet uns ein schönes Bild dafür an, daß man das Leben nur leben kann, wenn es stattfindet – nämlich jetzt.

„Das Leben ist wie eine Wildwasserfahrt. Man muß den Fluß reiten, sagen die Wildwasserkanuten. Und den Fluß reiten kann ich nur gerade ***jetzt*** *– ich kann ihn nicht einen Meter vor mir oder zehn Meter hin-*

ter mir reiten. Wenn ich ständig mit dem Kopf Ziele 50 Meter vor mir anvisiere und diese starr verfolge, dann werde ich gegen irgendeinen Felsen fahren. Ich muß mich dem Fluß anvertrauen – in Analogie dem Lebensfluß – denn der Fluß ist weise … und sucht sich immer den besten Lauf. Wenn ich nicht ständig alles mit dem Kopf machen würde und krampfhaft an Zielen festhalte, sondern mich dem Leben anvertrauen würde und zwar immer da, wo es ist (im Jetzt), dann führt es mich an die richtigen Orte.“

(Aus der ALPHA-Sendung zum Thema „Erfolg“)

Ein weiterer Gast in dieser ALPHA-Sendung, der Bewußtseinsforscher Henning VON DER OSTEN, bot uns diesen wunderbaren Schlußsatz zum Thema Zeit:

„Auf meinem Grabstein sollte einmal stehen: Hat Gelebt. Und auf den Grabsteinen der meisten Menschen, die das noch nicht richtig verstanden haben, daß es das Jetzt gibt und das man das Leben leben muß, wenn es da ist – nämlich jetzt – müßte eingemeißelt sein: Hat Vorgehabt.“

(Aus der ALPHA-Sendung zum Thema „Zeit“)

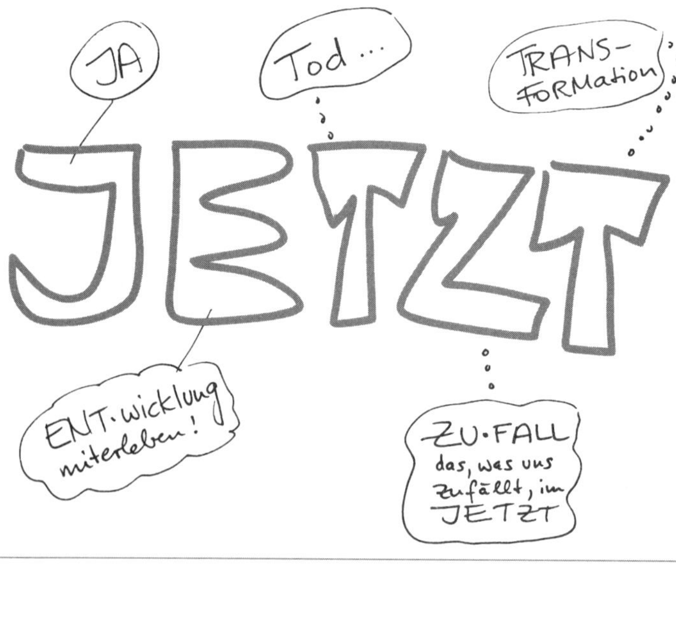

Inneres Archiv©:

Gedächtnis, Intelligenz & Kreativität verbessern

Das **Innere Archiv**© ist Teil meines Konzeptes *Brain-Management 2000*, bei dem es u.a. darum geht, die Leistungen im Bereich des **Gedächtnisses,** der **Intelligenz** und der **Kreativität** maßgeblich zu erhöhen[1].

Um von diesem Beitrag optimal zu profitieren, benötigen Sie einen **Stift**.

Haben Sie einen?

Beginnen wir mit einer kleinen **Aufgabe**: Notieren Sie alles, was Ihnen zu einem gleich vorgestellten Begriff einfällt, und zwar schreiben Sie so lange, bis Ihnen die Ideen ausgehen (minimum zwei Minuten lang).

Der Begriff heißt: *Bewerbung*

Ich „veröffentlichte“ diese Technik **erstmals** in einem Vortrag (am 18. Oktober 99) im Haus der Kunst in München für den Auftraggeber Microsoft. Anlaß war die Ausstellung DA VINCI & BEUYS, als der berühmte **Codex Leicester** Leonardo DA VINCIS (Leihgabe von Bill GATES) gezeigt wurde.

Um die gewaltigen Vorteile der hier vorgestellten Technik aufzuzeigen, möchte ich auf mein Denk-Bild vom Wissens-Netz aufbauen (vgl. mein Taschenbuch *Der Birkenbihl Power-Tag*).

Wir stellen uns einfach vor: **Alles, was Sie wissen**, sei ein **gigantisches Netz** …

[1] Dieser Beitrag wurde bereits in meinem *Birkenbihl-Brief* angesprochen. Bei näherem Interesse können Sie weitere Informationen im Internet www.birkenbihl.de oder unter Tel.: 089-71 04 66 65 erhalten.

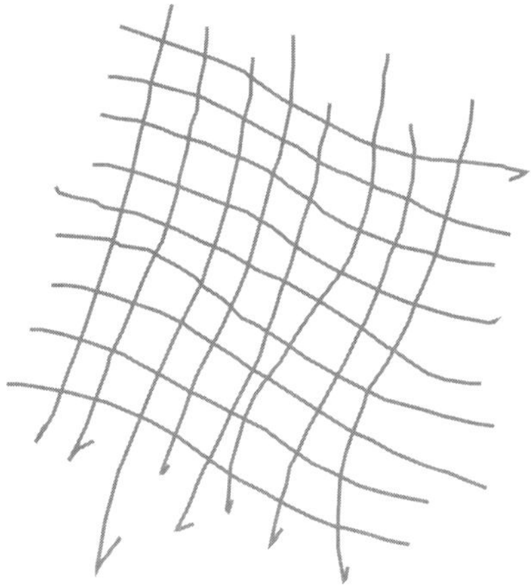

Übrigens, wenn Sie bei ***Bewerbung*** an eine neue Arbeitsstelle dachten und wenn Sie derzeit arbeitslos sind (oder Betroffene kennen), dann möchten Sie vielleicht den Beitrag *Arbeitslos* (S. 14 ff.) lesen. Hier schlage ich konkrete praktische Maßnahmen vor, die schon vielen zu einer neuen Arbeit verholfen haben …

Stellen wir uns nun folgende Frage: **Was passiert, wenn Sie einen Begriff hören** (**denken, lesen, sagen**)?

Wenn Sie bei unserer kleinen Eingangs-Aufgabe mitgemacht haben, dann haben Sie es gerade bewußt erlebt: Jeder Begriff löst in uns Assoziationen aus und zwar umso mehr, je mehr wir zu diesem Thema bereits wissen!

Inventur-Aufgabe

Wenn Sie demnächst Zeit und Lust haben, dann könnten Sie zu folgenden 20 Begriffen jeweils so viele Assoziationen auflisten und hinterher vergleichen, wieviele Sie zu jedem Wort gefunden haben. Das kann von Null bis zahlreiche Ideen pro Begriff stark variieren …

Meduse	**Auto**	**Politiker**
Camping	**Reisemobil**	**Leiter**
Zeit	**Indianer**	**Sparschwein**
Einkaufsnetz	**No-Theater**	**Zeitschrift**
Qualle	**Butterbrot**	**Augen**
Wohnung	**Fernseher**	**Urlaub**
Singen	**Radeln**	

Nun gehen wir einen Schritt weiter. Stellen Sie sich vor, Ihr Wissens-Netz sei **grau** (die berühmten **grauen Zellen** ergeben ein **graues Wissens-Netz**). Nun malen wir uns aus: Alle Assoziationen, die durch unseren Geist huschen, aktivieren kurzfristig bestimmte Stellen im Netz!

Dasselbe passiert, wenn Sie ein Wort suchen, z.B. weil Sie Kreuzworträtsel raten, oder in der freien Rede (Schreibe) einen bestimmten Begriff benötigen. Wollen wir uns **diesen Suchprozeß** im Netz so vorstellen, daß **Ihr bewußter Geist** mit einer **Taschenlampe** in Ihrem Netz herumleuchtet. Diese Taschenlampe ist von besonderer Art, denn das Glas vorne ist **blau** und daher färben Sie **die Stellen des Netzes blau ein,** die Sie gerade beleuchten (= die Sie also gerade aktivieren).

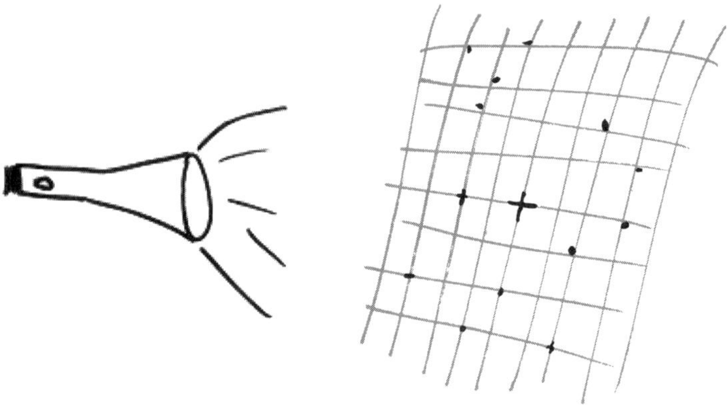

Wenn Sie eine neue Information wahrnehmen (z.B. hören oder lesen), dann ergibt sich die Frage, ob es in diesem Netz bereits einen Faden gibt, zu dem die neue Info paßt.

neue Info

Wenn nein, dann „fliegt" die neue Info an Ihrem Wissens-Netz vorbei und Sie haben den Eindruck, die Sache sei wohl etwas trocken oder schwierig bzw. Sie seien vielleicht etwas zu dumm ...

Wenn ja, dann wirkt diese Stelle im Netz wie ein **Attraktor**, d.h. sie zieht die neue Info magisch an. Sie hören/lesen die Info und können sich das Neue **leicht merken**, denn es befindet sich ja bereits in Ihrem Wissens-Netz!

Sie sehen also: Es gibt keine „schwere" oder „leichte" Information im Vakuum. „Schwer" oder „leicht" kann immer nur in Bezug auf ein **spezifisches Wissens-Netz** gesehen werden, **Ihres** z.B.

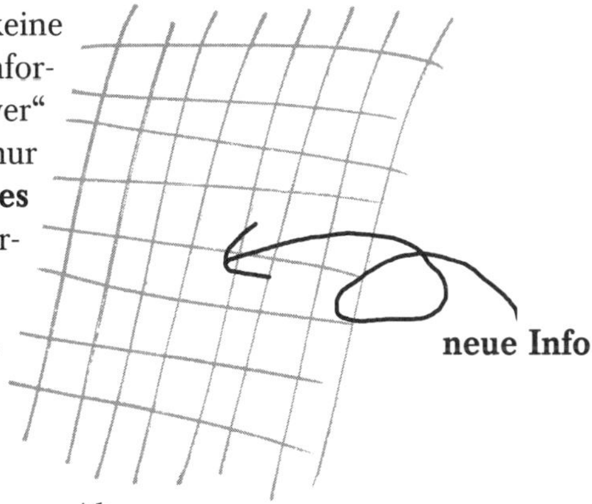

Dies hat schwerwiegende Folgen für Lernprozesse aller Art: Wenn nämlich Wissensvermittler zu wenig darauf achten, daß Neues an Altem „festgebunden" (ins Netz eingehäkelt) wird, scheint Lernen schwierig, mühselig, zu anstrengend usw. Deshalb befürchten Millionen von intelligenten Schülern und Studenten (ebenso wie Erwachsene in beruflicher Ausbildung) **völlig zu Unrecht,** sie seien „zu blöd" zum Lernen …

Deshalb finden wir Informationen umso „leichter", je mehr passendes „Material" sich bereits in unserem Netz befindet.

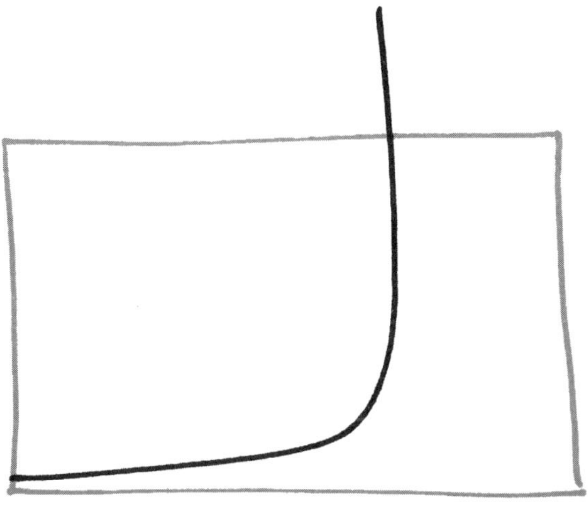

Im Klartext: Jede Lernkurve von Wissen ist immer exponentiell.

Je mehr Sie über ein Thema bereits wissen, desto leichter können Sie weitere Detailfäden in vorhandene „Maschen“ im Netz einhäkeln!!

Wenn Sie zu einem bestimmten Faden sehr viele weitere Detailfäden knüpfen können, spricht man von Ihrem Fachgebiet.

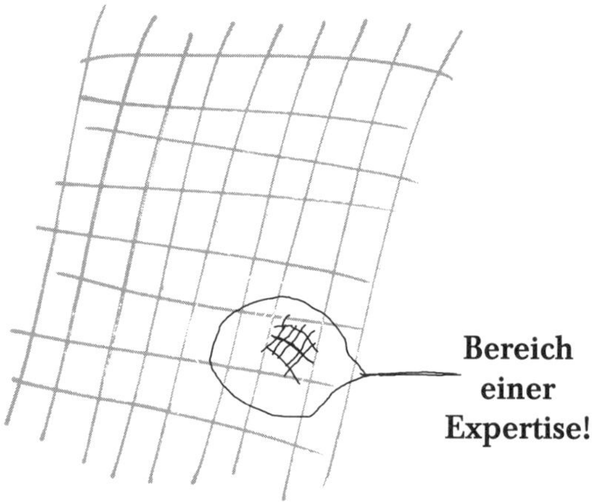

Wenn Ihnen dies einleuchtet, dann werden Sie den Sinn der folgenden Technik leicht nachvollziehen können.

Mein Vorschlag: Wenn Sie bis hierher gelesen haben, dann sollten Sie den Beitrag zu Ende lesen, weil Ihnen die Vorteile der nachfolgenden Technik an den passenden Stellen vorgestellt werden. Aber es geht, wie oben schon erwähnt, um Ihre (dramatische) Verbesserung in den einzelnen Bereichen **Gedächtnis, Intelligenz** und **Kreativität.**

Wie dramatisch diese Veränderungen sind, hängt davon ab, **wie intensiv** Sie die Technik tatsächlich einsetzen. Aber lesen Sie erst in Ruhe weiter und informieren Sie sich, ehe Sie entscheiden …

Stadt – Land – Fluß

Wenn Sie sich an das Stadt-Land-Fluß-Spiel erinnern, dann ist Ihnen klar, daß hier jeweils eine bestimmte **Wissens-Kategorie** gefordert wird.

Weiterhin wissen Sie, daß Leute, die **häufig** Stadt-Land-Fluß spielen, **wesentlich besser sind** als solche, die nur alle Jubeljahre einmal mitmachen. Ihnen ist jedoch auch klar, daß selbst die Spieler/innen, die häufig spielen, sich anstrengen müssen, wenn man plötzlich eine **neue Kategorie** einführt, zu denen sie nur wenige Assoziationen im Netz haben. Nehmen wir an, ein Physiker in der Runde schlägt vor: Stadt-Tier-**Quantenphysik**. Nun, welche Assoziationen hätten Sie dann bei A, E, H und Q?

Drei Fragen:

1. Wann haben Sie das letzte mal Stadt-Land-Fluß gespielt?
2. Wann könnten Sie das nächste mal spielen?
3. Welche neue Kategorie möchten Sie an die Stelle von Quantenphysik setzen?

Wollen Sie erst kurz nachdenken, ehe Sie nachsehen (siehe Kasten S. 84)?

Natürlich weiß unser Spezialist zu **jedem** dieser Buchstaben jede Menge weiterer Assoziationen, z.B. **Q** wie *Quasi-Teilchen* und *Quarks* oder zum Wortteil „***Quanten***“ *Quantenlogik, Quantenmechanik, Quantenfeld* etc. Und wenn wir ihn über das **T** befragen, dann sprudelt er förmlich mit einer faszinierenden Erklärung zum „Tunneln“ und zum Tunneleffekt hervor, aus der wir lernen, man habe Mozart von hier nach dort „getunnelt“ (die Musik auf eine besondere Weise übertragen) und dabei Geschwindigkeiten erreicht, die das Mehrfache der Lichtgeschwindigkeit betragen.

Vgl. auch *Das Große Analograffiti©-Buch, ABC Kreativ©* (Frühjahr 2002) und *Das Innere Archiv* (Frühjahr 2002)

Städte, europäisch*

Amsterdam
Budapest
Catania
Den Haag
Essex
Florenz
Glasgow
Helsinki
Ipswich
Jaén
Kopenhagen
London
Metz
Neapel
Oslo
Paris
Quimper
Rom
Sarajevo
Turin
Utrecht
Verona
Wien
Xanten
York
Zagreb

A – **A**msterdam – **A**meisenbär – **A**tom

E – **E**ssen – **E**sel – **EPS** (= das berühmte Einstein-Rosen-Podosky Gedanken-Experiment)

H – **H**amburg – **H**ammel – **H**eisenberg'sche Unschärfe-Relation

Q – **Q**uebec – **Q**uastenflosser – **Q**uantensprung

T – **T**ripolis – **T**ermiten – **T**eilchen/Welle-Dualität

Lange wollte das keiner glauben, noch dazu, da es sich um einen deutschen Physiker handelt (passiert nicht alles Wesentliche im Rest der Welt?), aber inzwischen wurden die Ergebnisse von Prof. Günter NIMTZ weltweit bestätigt.

Aber wir verlieren den roten Faden. Sehen Sie, wie leicht es ist, von einigen Stichworten im Wissens-Netz **schnell und leicht Gedanken zu formulieren**, wenn **hinter** dem Stichwort eben auch Wissen steckt?

Wenn Sie (früher) ein gute/r Spieler/in von Stadt-Land-Fluß sind/waren, dann ist Ihnen klar, daß man nach einer Weile **regelrechte Wissens-Alphabete** im Kopf spazierenträgt – und zwar zu den oft gespielten Themenkreisen (das müssen beileibe nicht nur Städte, Länder, Flüsse sein, wie wir gerade sahen)!

Sicher ist Ihnen klar, was solche Wissens-Alphabete bewirken (nämlich blitzschnelle und zahlreiche Assoziationen, **wenn es darauf an-**

* Ich danke Familie Pape in Hollern für die Fluß-/Stadt-Listen, die beim Erstellen viel Spaß hatte.

kommt). Das heißt, daß diese Spieler/innen sich zu den ausgewählten Themenbereichen allmählich ein **phänomenales Gedächtnis** antrainiert haben!

Dieses aber ist die Grundlage für Intelligenz und Kreativität (s. unten).

Jetzt wissen Sie genug, daß ich Ihnen die **Technik** verraten kann, um die es mir geht, wenn ich **Inneres Archiv**© sage:

Legen Sie Wissens-Alphabete an!

Unser Beispiel „Physikfreund" oben zeigte überdeutlich, was alles passieren kann, wenn Sie zu wichtigen Themen Ihrer Wahl Wissens-Alphabete im Kopf haben, denn: Jedes Wissensalphabet **aktiviert ein bestimmtes Areal Ihres Wissens-Netzes** und „färbt" es, um unsere Taschenlampen-Metapher aufrecht zu erhalten, **permanent** ein. Mit *permanent* meinen wir natürlich: permanent, solange Sie **dieses** Wissens-Alphabet von Zeit zu Zeit aktivieren.

Flüsse, deutsch

Aller
Bode
C ??
Donau
Elbe
Fulda
Glan
Havel
Isar
Jim
Kocher
Leine
Main
Nidda
Oker
Plane
Queis
Rhein
Saale
Tollense
Unstrut
Vechte
Wester
X ??
Y ??
Zwota

bitte umblättern

A = ______________________

B = ______________________

C = ______________________

D = ______________________

E = ______________________

F = ______________________

G = ______________________

H = ______________________

I = ______________________

J = ______________________

K = ______________________

L = ______________________

M = ______________________

N = ______________________

O = ______________________

P = ______________________

Q = ______________________

R = ______________________

S = ______________________

T = ______________________

U = ______________________

V = ______________________

W = ______________________

X = ______________________

Y = ______________________

Z = ______________________

Inventur-Aufgabe

Wie lange brauchen Sie, um ein komplettes Tier-Alphabet aufzubauen? (A wie Ameise, B wie Bär, C wie Chamäleon, D wie Dromedar usw.)

Übrigens können Sie, wenn Sie ernsthaft beginnen, eigene Wissens-Alphabete zu entwickeln, Ihre „Hausaufgaben" hierzu „nebenbei" durchführen, z.B.

- beim Spazierengehen (Gassigehen),
- wenn Sie in der Badewanne liegen,
- beim Gemüseputzen oder
- beim Bügeln, usw.

Später notieren Sie.

Angenommen, Sie haben jetzt bei dem Tier-Alphabet mitgespielt und Ihre ersten Assoziationen aufgeschrieben, und nun bleiben noch einige Lücken.

Sie brauchen jetzt nicht sitzen zu bleiben und ewig an Ihrem Stift herum zu kauen. Denn jetzt folgt die Gestations-Phase, in der Sie einige Tage lang ganz **nebenbei** hier und da ein wenig „brüten", in den Zeiten **dazwischen** macht Ihr **Unterbewußtsein** einen **Großteil der Arbeit.**

Das heißt, Sie „laufen" (z.B. während Sie am Taxistand auf einen Wagen warten) in Gedanken langsam durch das Alphabet, wobei Ihnen die meisten Ihrer ersten schnellen Sofort-Assoziationen jedesmal wieder einfallen, denn hier handelt es sich um oft benützte Fäden bzw. Maschen in Ihrem Wissens-Netz.

Bei den Lücken aber verweilen Sie jetzt und „lauschen" in sich hinein, d.h. Sie lernen es, Ihr Wissens-Netz bewußt anzuzapfen. Und genau das ist der Sinn Ihres Trainings!

Bei einigen wenigen hartnäckigen Lücken fragen Sie Ihre Mitmenschen. Sie werden erstaunt sein, wie oft anderen etwas einfällt, weil diese nicht in derselben „Denk-Rinne" sitzen wie wir. Denken Sie ans Kreuzworträtseln: Da fragt jemand nach einem Tier mit „Q" und ein anderer ruft *Qualle.* Wenn der Fragesteller Quallen im Allgemeinen eher als *Medusen* bezeichnet, fällt ihm die *Qualle* als Tier nicht ein. Sie ist Teil seines passiven Wissens (er erkennt den Begriff sofort!), aber er kann normalerweise nicht aktiv auf die Qualle zugreifen.

Genau deshalb ist das Training **während des Aufbaus Ihrer Alphabet-Listen** so wertvoll: Sie trainieren den **schnellen bewußten Zugriff** auf Ihr Wissen (Ihre Fäden im Netz), und dieser Zugriff ist der Schlüssel, der Ihre Intelligenz und Ihre Kreativität erhöhen wird.

Wenn auch Ihre Freunde keine Assoziationen haben, dann können Sie auch im Lexikon blättern, um hartnäckige Lücken in einem neuen Wissens-Alphabet zu füllen. Wenn es problema-

Bäume/ Sträucher

Ahorn
Birke
Clematis
Dattelpalme
Eiche
Flieder, Fichte, Föhre
Ginster
Holunder
Ilex
Jasmin
Kastanie
Lärche
Magnolie
Nordmanns-tanne
Oleander
Pinie
Quitte
Rhododendron
Schlehe
Tanne
Ulme
Vogelkirsche
Weißdorn, Weide
X ??
Yucca Palme
Zeder

tisch wird, sollten Sie **kreativ schummeln**, z.B. habe ich in meiner Tier-Liste beim **X** notiert **eXtinct: Dino** (*extinct* = *ausgestorben* und *Dino* = natürlich *Dinosaurier*).

In meiner **VAN GOGH-Liste** steht bei **X** der Begriff *Ohrläppchen*. Warum? Weil im Englischen das „X" für „schneiden" steht (wohl weil die Schere an ein bewegliches „X" erinnert); Sie kennen vielleicht den Computer-Befehl *ausschneiden*, der oft durch eine *Befehlstaste plus „X"* bewirkt wird. Nun, da VAN GOGH sich ein **Ohrläppchen** (**nicht** ein Ohr, wie es oft heißt!!) abgeschnitten hat, konnte ich das **X** damit sehr schön „belegen". Das meine ich mit *kreativem Schummeln*.

Gerade „Q", „X" und „Y" bieten in der deutschen Sprache extrem wenige Möglichkeiten, was natürlich die Kreativität besonders aktivieren kann.

Also gilt für jede Wissens-Alphabet-Liste, die Sie erstellen werden: **Entweder** Sie **finden** für jeden Buchstaben etwas, das (halbwegs) funktioniert, **oder** Sie lassen eine Stelle in der Liste frei, wenn wirklich alle Stricke reißen.

Wenn Sie ein **Inneres Archiv**© aufbauen, dann profitieren Sie **dreifach**:

1. Wann immer Sie eine (weitere) Liste aufbauen, bis Sie sie auswendig beherrschen (und sie vorwärts, rückwärts etc. aufsagen können), **trainieren Sie den Zugriff** auf Ihr Wissens-Netz!
2. Nach Aufbau eines neuen (weiteren) Wissens-Alphabets haben Sie das Areal im Wissens-Netz **vergrößert**, welches Sie im Training „**farbig** beleuchtet" haben. Also das Areal, das ab jetzt in Ihrem **permanenten Zugriff** bleibt! (So ist z.B. die *Qualle* inzwi-

schen vom passiven Wissen ins aktive Wissen gewandert!) Wir können uns dies so vorstellen, daß der „Faden" *Qualle* etwas tiefer lag, aber durch die Trainings-Aktivitäten mit einer Häkelnadel ergriffen und **an die Oberfläche** geholt wurde ...

3. Jetzt können Sie auf **diese** (Wissens-)**Matrix** aktiv zugreifen, und ab jetzt erhöhen sich Ihre intelligenten und kreativen Möglichkeiten „im Quadrat".

Im Klartext: Wir hatten ja oben bereits festgestellt, daß Lernkurven (von Wissen) exponentiell sind. So auch hier: Wieder erleben Sie ein **exponentielles Wachstum**; aber diesmal bezogen auf die **Wissens-Areale**, die jede alphabetische Wissens-Liste erschafft!

Mit nur **zwei Wissens-Alphabeten** (nebeneinander), beginnt der Prozeß. Aber mit jedem **weiteren** Wissens-Alphabet wachsen Ihre potenziellen Einfälle (Assoziationen) **exponentiell**, denn jeder Begriff in diesen Listen steht ja nicht nur für einen einzelnen Faden, sondern **gleichzeitig** für **sämtliche Ver-BIND-ungen** und **Ver-KNÜPF-ungen** (Knoten), die diese Idee in Ihrem gesamten Wissens-Netz hat!

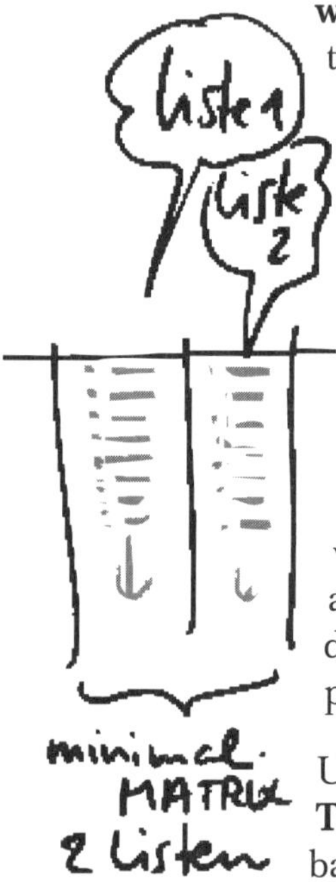

Deshalb bat ich Sie vorhin, zu einigen Begriffen frei zu assoziieren. So ein Erlebnis beweist Ihnen weit besser als meine Worte, welche **Flut von Assoziationen** ein Begriff auslösen kann; natürlich nur ein Begriff, zu dem man auch einiges weiß (vgl. Quantenphysik, siehe oben).

Und darum sollen Sie ja eigene Alphabete zu **Themen Ihres Wissens und Interesses** aufbauen, zu **Bereichen, in denen Sie sich gut auskennen**. Das kann mit einfachsten Kategorien wie Stadt, Land, Fluß, Tiere, Berufe, Pflanzen, berühmte Namen (Komponisten, Sänger etc.) beginnen. Denn jedes Alphabet vergrößert die **Matrix** im Netz und **genau das** ist der springende Punkt. Dies kann aber nur nachvollziehen, wer es praktiziert!

Bedenken Sie immer wieder, daß jeder Begriff in den Listen für einige (bis zu hunderten) weitere Begriffe (und Ideen!) steht! Bei manchen „hängen“ sogar tausende weitere Ideen dran, die Ihnen z.B. einfallen würden, wenn Sie einen ganzen Tag lang ausschließlich zu diesem Begriff assoziieren würden (z.B. während Sie Anregungen durch TV, Lesen o.ä. aufgreifen).

Selbst wenn manche Begriffe in Ihrer Liste „arm" sind und nur wenige Ver-BIND-ungen enthalten, können Sie von einem „reicheren" Durchschnitt ausgehen, der übrigens **umso höher** wird, je mehr Sie aktiv trainieren. Auch geistige Prozesse gewinnen durch Training; allerdings nicht *Muskelkraft* (die zwar gängige aber ungünstige Metapher für mentale Vorgänge), sondern weil **neue bevorzugte Nervenbahnen** aufgebaut und miteinander **ver-BUND-en** werden müssen und dies kann **nur durch Training geschehen**.

Auch dies ist ein exzellentes Training, das z.B. gute Schriftsteller regelmäßig durchlaufen.

So gehen Sie vor

1. Erstellen Sie so viele Wissens-Alphabete wie möglich, das ist hervorragendes **Training für den aktiven Zugriff auf Ihr Wissens-Netz** (wichtig für intelligente und kreative Reaktionen!).
2. Ordnen Sie diese (senkrechten) Alphabet-Listen parallel nebeneinander an, so daß eine **Matrix** entsteht. Diese Matrix spiegelt einen Teil Ihres Wissens-Netzes wider, und zwar den, den Sie durch ständiges aktives Trainieren **„blau beleuchtet"** haben.

Fazit: Dieser Teil steht Ihnen ständig aktiv zum schnellen bewußten Zugriff zur Verfügung! Er „bleibt blau", solange Sie immer wieder einmal mit diesen Fäden „spielen" …

Diese Matrix erlaubt es Ihnen, sowohl intelligenter als auch kreativer zu werden. Warum?

Intelligente Reaktionen (Ideen, Pläne, Fragen) sind doch nichts anderes als intelligente Einfälle, diese aber „wohnen" im Wissens-Netz. Im Klartext: Je besser Ihr Zugriff auf Ihr Netz ist, desto mehr intelligente Reaktionen werden sich vollautomatisch „ereignen". Leuchtet das ein?

Der Effekt wird bereits ab zwei Wissens-Alphabeten nebeneinander wahrnehmbar, denn sie bedeuten zweimal 26 (also 52) Begriffe, mit denen Sie **spielerisch besser denken** können.

Dasselbe gilt für Ihre Fähigkeit, genauer, Ihrc (antrainierte) Fertigkeit, **kreativ** zu denken. 95 % aller kreativen Ideen sind Kombinationen von bekannten Elementen, die jedoch neu kombiniert (also neu ver-BUND-en) wurden. Auch hier wird klar, warum Sie bald weit kreativer denken können als früher, weil Ihnen die neue Alphabet-Listen-Matrix faszinierende **Quer-Assoziationen** anbietet.

Fallbeispiel: Angenommen Sie stellen ein Tier- und ein Berufe-Alphabet **nebeneinander** und Sie suchen eine Idee für eine Schlagzeile. Halten Sie ein **Schlüsselwort** des zu bearbeitenden Themas im Kopf und checken Sie, was beim Anfangsbuchstaben dieses Begriffes in Ihren **beiden Listen** steht. Je schneller Sie einige solcher Listen im Kopf jonglieren können, desto schneller können sich diese **Intelligenz- und Kreativ-Effekte** im ganz normalen **Alltag** bei **allen** Denkprozessen bemerkbar machen. Bleiben wir noch einen Moment bei unserem Fallbeispiel: Sie suchen (beruflich) eine Schlagzeile für eine Anzeige (für ein **Biofeedback-Entspannungs-Instrument ...**).

Schlüsselwort	Tier-Liste	Berufe-Liste
Entspannung	Ente	Elektriker

Anfangs können Sie solche Übungen noch mit geschriebenen Listen (und Nachschlagen) durchlaufen, damit Sie die Effekte sehen.

Assoziationen: *Ente* ... Wasser (im Wasser/ Badewanne fällt Entspannung besonders leicht ...) und nun der *Elektriker* ... **Plötzlich** fällt Ihnen ein Bild ein: Ein Elektriker im Arbeitsdress liegt völlig entspannt und selig lächelnd in einer Badewanne, auf der Brust ein Bade-Entchen und **der neue Slogan (PROFESSIONELL ENTSPANNT)** taucht aus dem Vakuum (d.h. genaugenommen natürlich **aus den Tiefen Ihres Wissens-Netzes**) auf!

Von solchen Assoziationen leben übrigens die klassischen Kreativitäts-Techniken (wie Brainstorming). Mit einigen Wissens-Alphabeten im Kopf brauchen Sie keine Gruppe, denn Ihr eigener Kopf liefert Ihnen Assoziationen. Das heißt nicht, daß Sie alleine unbedingt kreativer sind als mit anderen; das heißt aber, daß Sie sehr wohl kreativ sein können, wenn niemand zum Helfen da ist ...

Beim Brainstorming wird nur das Thema vorgegeben – alle Teilnehmer nennen dann ihre verschiedenen Assoziationen dazu.

Außerdem hat jedes Wissens-Alphabet immense Vorteile, wenn Sie frei zu diesem Thema sprechen wollen. Hierzu dient das folgende Training, wobei eine kleine Vorbereitung nötig ist:

bitte umblättern

Vorbereitung

Basteln Sie sich ein einfaches **Losverfahren** mit den Zahlen **1** (= **A**) **bis 26** (= **Z**), z.B. in Form von **numerierten Murmeln**, mit denen Sie in Ihrer Hosen- oder Jackentasche „Lotto“ spielen, indem Sie blind eine ziehen.

Trainings-Aufgabe 1: Für Einsteiger/innen

Nun gilt es, frei zu Ihrem Thema zu sprechen, dabei jedoch einen Begriff mit dem gezogenen Buchstaben „einzubauen“.

Trainings-Aufgabe 2: Variante für Fortgeschrittene

Wieder lautet die Aufgabenstellung, frei zu Ihrem Thema zu sprechen, diesmal ziehen Sie hingegen mehrere Nummern, welche Assoziationen auslösen, die Sie in Ihre Rede „einbauen“ müssen. Beginnen Sie mit zwei Nummern und steigern Sie, solange Sie wollen.

Die letzte Trainings-Aufgabe kann man übrigens auch zu Mehreren spielen, nicht nur auf Parties, Grillfesten, am Strand – auch beim Spazierengehen, in der Küche bei den Backvorbereitungen usw.

Ich habe anläßlich des **Leonardo-Vortrages** ein spezielles **Berufe-Alphabet** erstellt, welches nur Berufe auflistet, deren Haupttätigkeiten Leonardo mit seiner unglaublichen Vielseitigkeit quasi nebenher ausübte. Vielleicht interessiert Sie ja diese Aufstellung: nur ein einziger Mann, aber eben ein „Universal-Genie".

Leonardo DA VINCI war unter anderem ein:

A – Architekt, Anatom
B – Bildhauer, Baumeister, Biologe
C – Choreograf, Chronist
D – Dandy (er war sehr modebewußt), Dressman
E – Entdecker, Erfinder
F – Forscher
G – Genie!, Geologe
H – Höhlenforscher
I – Ingenieur
J – Journalschreiber
K – Konstrukteur, Künstler, Kriegsberater
L – Lautenspieler
M – Maler, Mathematiker, Musiker, Militärstrategie-Spezialist
N – Neurologe, Naturwissenschaftler
O – Original!, Opinionleader, Opernintendant
P – Pathologe, Physiker, Physiologe
Q – Querdenker
R – Reiter, Rätselautor
S – Schriftsteller, Städteplaner
T – techn. Zeichner und Theaterintendant
U – Unterhalter
V – Visionär (im Sinne von prophetisch)
W – Waffenexperte, Waffenerfinder, Wissenschaftler
X – Xylograph (Holzschnitzer)
Y – ????
Z – Zeichner, Zoologe

Leonardo DA VINCI hat u.a. sehr erfolgreich einige Theateraufführungen inszeniert.

Falls Sie dies bezweifeln: Da es in der Regel leichter fällt, Derartiges an anderen wahrzunehmen: Beobachten Sie eine Woche lang Ihre Mitmenschen in Bezug auf Neues und deren Lernbereitschaft dazu. Dann erst beginnen Sie, sich selbst genauer zu sehen …

Leider sind die meisten Menschen nicht vielseitig. Ja, sie gehen Neuem regelrecht aus dem Weg. Sie fühlen sich mit Vertrautem und Bekanntem am wohlsten. Das beginnt schon beim Essen *(was der Bauer nicht kennt, frißt er nicht)*, das geht mit dem Medien-Konsum weiter (deshalb lieben Sie Serien, die Ihnen immer dieselben Personen in vertrauter Rahmenhandlung zeigen) und endet beim Sozialleben noch lange nicht. Man „hat“ seinen Freundeskreis. Statt den Kontakt zu Menschen anderer Kulturkreise zu suchen (pardon, das sind ja Ausländer!), hockt man regelmäßig mit Leuten zusammen, deren Reaktionen man vorhersagen kann, und man führt Tätigkeiten aus, die jeder im Schlaf beherrscht. Dabei wird natürlich ab und zu „Neues“ gelernt, z.B. das Rezept für eine neue Barbecue-Sauce.

Klingt das hart oder unfair? Dann durchdenken Sie doch bitte einmal aufmerksam den folgenden Gedankengang von Robert H. HEINLEIN* im Kasten auf der folgenden Seite!

Fragen Sie sich:

- Sind Sie ein **spezialisiertes** Mitglied einer spezialisierten Gesellschaft?
- Warum glauben wir, die **materiellen** Aspekte unseres Lebens seien die **einzig** wichtigen?
- **Wer** hat uns das eingeredet?
- Können wir diesen Einflüsterungen aus der **Vergangenheit** angesichts unserer normalen Gegenwart entgehen?

---

* (aus: *Notebook of Lazarus Lang* in seinem sf-Roman: *Time enough for Love*, S. 264, siehe Literaturverzeichnis)

Robert H. HEINLEIN: Ein menschliches Wesen sollte eigentlich in der Lage sein …

- ❑ eine **Windel** zu wechseln,
- ❑ eine **Invasion** zu planen,
- ❑ ein Schwein zu **schlachten**,
- ❑ ein **Schiff** zu steuern,
- ❑ ein **Gebäude** zu planen,
- ❑ ein **Sonett** zu schreiben,
- ❑ **Konten** abzuschließen,
- ❑ eine **Mauer** zu bauen,
- ❑ einen gebrochenen **Knochen zu richten**,
- ❑ einen **Sterbenden zu trösten**,
- ❑ **Befehle** anzunehmen (und) zu geben,
- ❑ **zusammenzuarbeiten**,
- ❑ **allein** tätig zu werden,
- ❑ **Gleichungen** zu lösen,
- ❑ ein neues **Problem** zu analysieren,
- ❑ **Mist** zu gabeln,
- ❑ einen **Computer** zu programmieren,
- ❑ ein schmackhaftes **Mahl** zu bereiten,
- ❑ wirkungsvoll zu **kämpfen**, und
- ❑ tapfer zu **sterben**.

P.S. Spezialisierung taugt (besonders) für Insekten!

Fühlen Sie sich frei, der Liste hinzuzufügen, was ein menschliches Wesen Ihrer Meinung nach noch können sollte …

Vgl. den Beitrag *Meme – Chancen und Gefahren,* S. 131 ff.

- Wann haben Sie das letzte Mal etwas **für Sie völlig Neues ausprobiert?**
- Wie viele der von HEINLEIN aufgezählten Tätigkeiten haben Sie **jemals** versucht?
- Wie viele Dinge, mit denen Sie sich **täglich** befassen, sind **Routine**?
- Wie viele dienen **ausschließlich** materialistischen Zielen?
- Sind Ihre **Prioritäten** ganz oder vorwiegend „praktisch" und/oder „beruflich notwendig"?

Mein Vorschlag: **Lesen Sie noch einmal die Aufzählung von Robert H. HEINLEIN,** und suchen Sie sich eine Tätigkeit heraus, von der Sie **bis jetzt keine Ahnung** haben. Lernen Sie zumindest, worum (oder wie) es geht, selbst wenn Sie kein Schwein schlachten oder (noch) nicht tapfer sterben wollen. Fragen Sie sich jedoch: Worum geht es und worauf muß man achten?

Suchen Sie sich Ihr neues Thema bzw. Ihre neue Tätigkeit, und finden Sie im Laufe der nächsten Wochen eine Menge darüber heraus. Sprechen Sie mit Menschen, die „es" bereits (regelmäßig, professionell, hobby-mäßig) tun. Lesen Sie darüber, denken Sie darüber nach und erstellen Sie ein Wissens-Alphabet zu diesem Thema.

Stellen Sie sich vor, Sie würden „es" tun, oder tun Sie es tatsächlich. Überzeugen Sie sich davon, wie spannend es sein kann. **Damit erweitern Sie Ihren geistigen Horizont und stärken Ihr Selbstwertgefühl**, weil jede Verbesserung sich immer (quasi als Nebeneffekt) positiv auf den Selbst-Wert auswirkt! Das ist zwar nur

„Sahne auf dem Kuchen“, aber trotzdem angenehm …

Merke: Die beste Zeit anzufangen ist **jetzt**.

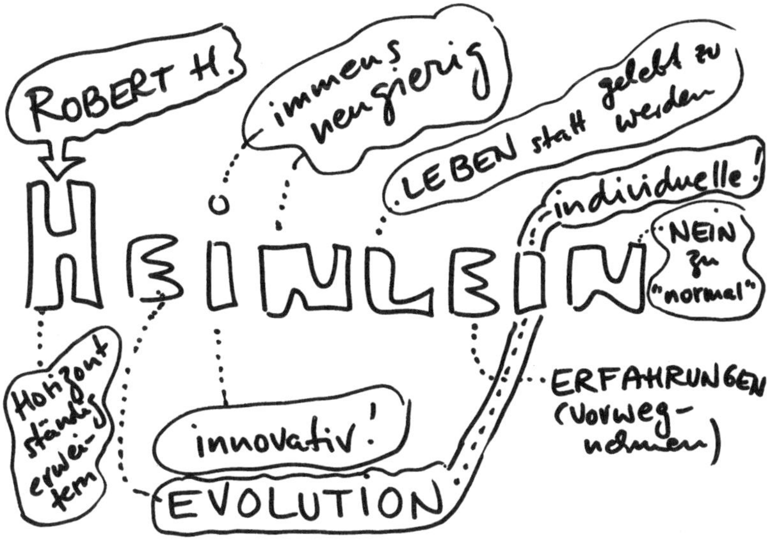

Insel-Modell – Können wir die Brücke bauen?

Vielleicht kennen Sie mein Denkbild, wonach wir uns jeden Menschen als in einem Kreise stehend vorstellen können. Diesen Kreis symbolisiert eine kleine unsichtbare Insel und diese enthält all unsere Erinnerungen, unsere Hoffnungen, Wünsche, Ängste – kurz alles, was wir normalerweise als „Ich" bezeichnen.

Da wir in (nicht auf, weil Sie sie ja nie verlassen können) – also: Da wir in dieser Insel leben, tragen wir sie mit uns herum, auch in allen Situationen, in denen wir mit anderen Menschen kommunizieren. Nun erhebt sich die Frage, was passiert, wenn zwei (oder mehrere) „Insel-Bewohner/innen" aufeinandertreffen.

Dabei gilt: Die Kommunikation wird **leicht**, wenn unser Kreis sich mit dem des oder der anderen **überschneidet**. Wenn wir also ähnliche Erfahrungen besitzen, ähnliche Ziele anstreben, ähnliche Dinge befürchten oder herbeisehen usw., dann fällt es leicht, sich mit dieser Person „auseinanderzusetzen" (genaugenommen sitzen wir nämlich „beieinander" und nicht „auseinander" ...).

Anders sieht es aus, wenn die Insel eines anderen von unserer durch eine **Distanz getrennt** ist, weil wir Dinge **anders sehen**, **beurteilen** oder weil wir anders **denken**, **fühlen**, **wollen** oder **handeln**.

Nun stellt sich die Frage, ob wir diese Distanz überbrücken können – und genau darin besteht ja die **Kunst** der Kommunikation!

Es leuchtet sicher ein, daß jemand, der nur eine sehr kleine Insel besitzt, weit seltener Überscheidungen mit den Inseln anderer erleben wird, als jemand, der eine ziemlich große Insel sein Eigen nennt! Anders ausgedrückt:

Je größer Ihre Insel wird, desto leichter können Sie auch mit ganz anders „gelagerten" Menschen kommunizieren, selbst wenn deren Insel vielleicht sogar klitzeklein ist!

Vgl. die Beiträge *Inneres Archiv*©, S. 77 ff. und *Meme – Chancen und Risiken,* S. 131 ff.

Teil Ihrer Insel ist neben Ihren Erfahrungen, Gedanken usw. ein wichtiger Aspekt, über den wir an anderer Stelle in diesem Buch sprechen, nämlich Ihr **Wissens-Netz**.

Kläranlage des Geistes

Vor einigen Jahren beschrieb ich (in einer meiner Kolumnen) eine **Technik**, die ich als **Kläranlage des Geistes** bezeichne. Hierbei handelt es sich um eine phänomenale Hilfe für den „ganz normalen Alltag", die ich Ihnen empfehlen möchte. Worum geht es? Antwort: Um Sprache. Genauer: Es geht um Ihre Sprache, nämlich darum, wie Ihre Sprache Ihnen helfen kann zu denken!*

In seinem sehr lesenswerten Buch *Wörter machen Leute* weist Wolf SCHNEIDER darauf hin, daß **Sprache zwei Funktionen** hat, von denen wir die zweite in der Regel nicht wahrnehmen. Wir gehen davon aus, daß Sprache vor allem dazu diene, Ideen, Gedanken, Informationen auszutauschen. Das ist zwar richtig, aber es gibt eine weitere wichtige Funktion der Sprache. Diese illustriert Wolf SCHNEIDER mit folgender Vorstellung:

Es stehen zwei Männer an der **Bushaltestelle**. Beide haben die Hände tief in den Taschen vergraben, weil es sehr kalt ist. Plötzlich sagt der eine: „Kalt heute!" Der zweite nickt, und jetzt sind beide **erleichtert**! Wiewohl sie beide wissen, **daß** es kalt ist, wird die Kälte für beide erst richtig „real" (sowie erträglich), nachdem sie in Worte gefaßt wurde. Das ist die zweite Funktion von Sprache! Indem wir aussprechen (aufschrei-

* Dieser Beitrag wurde bereits in meinem *Birkenbihl-Brief* angesprochen. Bei näheren Interesse könne Sie weitere Informationen im Internet unter www.birkenbihlbrief.de oder unter Tel.: 089-71 04 66 65 erhalten.

ben), was wir sehen, fühlen oder denken, wird es für uns erst richtig „real“.

Typische Auswirkungen in der täglichen Praxis:

1. Wir müssen unsere Gesprächspartner (z.B. unsere Kunden/innen!) reden lassen (statt selbst zu monologisieren!), denn für uns ist die Info ja bereits „faßbar“ (oder sie sollte es sein!).
2. Wenn uns etwas noch nicht „ganz geheuer“ ist, dann neigen wir dazu, anderen davon zu erzählen. Somit benutzen wir Sprache, um selbst etwas zu begreifen.

Deshalb „labern“ manche Menschen oft endlos „an einen anderen hin“, nur um zu erfahren, was sie dachten, nachdem sie sich reden gehört haben … Sie können diese Art von „Rede“ beim Zuhören erkennen, wenn Sie einen Blick und ein Gehör dafür entwickelt haben, weil dieser Mensch sich selbst verrät, was Sie **HÖREN** (oder **LESEN**) können, denn er erzählt Ihnen laufend, was **er selbst** dachte, wie etwas **auf ihn** wirkte, was **er** jetzt zu einer anderen Person sagte usw. Dies geschieht natürlich unbewußt, weil die meisten Menschen sich mit dieser wichtigen Funktion von Sprache noch nie befaßt haben. Würde man alle Gespräche streichen, bei denen das eigene Wohl im Vordergrund steht, müßten viele Menschen ziemlich stumm durchs Leben gehen.

Und Sie? Wann haben Sie zum letzten Mal an jemanden (z.B. einen Kunden) „hingeredet“? Wann haben Sie zum letzten Mal einen Mitmenschen (z.B. einen Partner) als *Kläranlage des Geistes* benützt? Wann haben Sie zum letzten Mal „laut gedacht", indem Sie „**an** jemanden hindachten", während Sie den Eindruck erweckten, Sie sprächen **mit** dieser Person?

Bitte notieren Sie Ihre Antworten zu folgenden Fragen:

1. Fallen Ihnen jetzt andere Menschen ein, die regelmäßig „an Sie hinreden", weil auch sie öfter ihre eigenen Gedanken in **Pseudo-Gesprächen** mit Ihnen klären, also nicht „echt" mit Ihnen kommunizieren?
2. Gibt es **Konsequenzen**, die Sie für Ihre persönliche Kommunikation im Alltag ziehen könnten?

Wenn Sie wirklich **Konsequenzen** ziehen wollen, dann stellen Sie sich ab und zu mindestens eine der folgenden sechs Fragen:

1. Welchen **Vorteil** hat mein derzeitiger Gesprächspartner von diesem Gespräch?
2. Inwieweit **hilft** dieses Gespräch ihm?
3. Inwieweit stellt es eine wertvolle Investition seiner Ressource **Zeit** für ihn dar?
4. Möchte er ein **Problem** lösen?
5. Erhofft er sich **Impulse** von mir? Sucht er Informationen, die ich ihm geben kann?
6. Will er nur seine **Gedanken** klären? (Wenn ja, bin ich bereit, ihm diese Möglichkeit zu gewähren, z.B. weil es mein Kunde ist oder weil ich diese Person als Mensch schätze?)

Bisher ging es uns darum, daß viele Menschen ihre Gedanken (unbewußt) **in Gesprächen**

klären, indem sie an eine Person „hinreden". Jetzt werde ich Ihnen eine tolle Technik zeigen, die schon GOETHE angewendet hat. Beginnen wir mit der (einfachen) Basis-Übung, gefolgt von der GOETHE-Variante (für Menschen, die „echt etwas" über sich erfahren wollen).

Technik: Kläranlage für den Geist

Schreiben Sie täglich zehn Minuten lang alles, was Ihnen gerade in den Sinn kommt auf! Wenn Ihnen im Augenblick gerade gar **nichts** einfällt, dann schreiben Sie (wörtlich): *Jetzt fällt mir nichts ein!* Schlimmstenfalls würden Sie die ganzen zehn Minuten lang schreiben: *Jetzt fällt mir nichts ein!* (was fast nie passiert), denn bei dieser Übung gilt die **eiserne Spielregel: Ihr Stift muß sich die ganze Zeit bewegen. Denk-Pausen sind** (bei dieser Übung) **total verboten**. Machen Sie **den inneren Monolog sichtbar**, der so oft in Gesprächen auftaucht, weil wir **vor** dem Sprechen genausowenig wußten, welche Gedanken **wir gerade klären wollten**. Darum wissen viele Leute ja erst, was sie gedacht haben, nachdem sie sich reden gehört haben! Das meinte KLEIST in seinem vortrefflichen Essay mit dem Titel *Über das allmähliche Verfertigen der Gedanken beim Reden*.

Es ist interessant, wie hilfreich diese Technik ist, um sich von Problemen zu befreien bzw. Lösungen zu entwickeln.

bitte umblättern

Beispiel: Angenommen, Sie hätten vor drei Wochen notiert: *Ich sollte wirklich jeden Tag WALKEN.*

Heute lesen Sie diese Zeilen und stellen erstaunt fest, daß Sie diesen Vorsatz notiert hatten. Bewußt wissen Sie gar nichts davon. Natürlich sind Sie nicht ge-WALKT (nicht einmal spazierengegangen sind Sie!). Da die Aufgabe darin besteht, 10 Minuten lang zu schreiben (wobei Sie hinterher **nicht** lesen müssen, was Sie geschrieben haben), gilt: Wenn Sie wollen, können Sie hier sogar in **Geheimschrift** üben. Es hat folgende Vorteile:

Die Geheimschrift können Sie selbst entwickeln oder auch eine bereits vorhandene einsetzen. In meinem Buch *Der Birkenbihl Power-Tag* habe ich eine solche entwickelt.

1. Kaum jemand kann Ihre Texte lesen (anfangs nicht einmal Sie selbst!).
2. Die Verwendung einer **anderen Schrift** bewirkt u.a. auch, daß ganz „**andere**" (teilweise sogar weit originellere) **Gedankengänge** entstehen, weil man alte verläßt und in andere Denk-Bahnen gelangt. Probieren Sie es vielleicht einmal aus …?

Wenn Sie es einmal einen Monat lang ausprobieren, können Sie feststellen, **wieviel „Schutt"** auf diese Weise im Bewußtsein „auftaucht" und **durch dieses Schreiben weggeräumt werden kann**. Immer wieder werden Sie die be-FREI-ende Wirkung dieses Klärprozesses erleben. Es lohnt sich – wirklich! **Testen Sie** diese Technik **einen Monat lang**. Danach erst entscheiden Sie, ob Sie fortfahren wollen. **Merke:** Wer sich bereits im Vorfeld entscheidet, es gar nicht erst zu versuchen (nach dem Motto: Was der Bauer nicht kennt, frißt er nicht.), verliert viel …

Ihre **tägliche** (non-stop) **Niederschrift** stellt einen **Spiegel** dessen dar, was **während der 10 Minuten in Ihnen vorgeht.** Dieses Dokumentieren Ihrer „erstbesten" Ideen bietet Ihnen einen **Gedankenmonitor**, der Ihnen (wie ein Fernsehmonitor) ein **Kontrollbild** anbietet.

Die GOETHE-Variante der Kläranlage-für-den-Geist-Übung

Wenn Sie ernsthaft **Selbsterforschung** betreiben wollen, ohne einen Psychiater zu bemühen, dann können Sie eine **Variante** dieser Technik einsetzen, die GOETHE genutzt hat. Das sieht so aus: **An einem Tag** schreiben Sie irgend etwas. Und **an einem späteren Tag** nehmen Sie das neulich (oder damals) Geschriebene und schreiben jetzt zu jedem Absatz, zu jedem Gedanken, spontan auf, was Ihnen jetzt dazu einfällt.

Wenn Sie die GOETHE-Variante praktizieren wollen, dann beginnen Sie jetzt sofort (im Kläranlagen-Stil) zu diesem Thema einen neuen Text zu schreiben.

Das **Beispiel mit dem WALKEN** (siehe S. 106) ist nicht aus der Luft gegriffen; es befindet sich in meinem Kläranlagen-Journal. Als ich später auf diesen Vorsatz stieß, schrieb ich:

Wieso habe ich das aufgeschrieben, wo ich doch offensichtlich nicht wirklich vorhatte, zu gehen? Nun, wenn ich es **offensichtlich** nicht vorgehabt hätte, dann hätte ich es ja wohl kaum notieren können. Also muß doch ein gewisser Vorsatz existiert haben, zumindest unbewußt. Könnte es sein, daß mein Körper mir hier etwas sagen möchte? Hat die ‚Intelligenz des Körpers' diese Zeilen ausgelöst? Spannend finde ich das.

Natürlich können Sie später ein drittes Mal weitermachen, indem Sie wiederum frei assoziieren zu dem, was jetzt da steht. Dies tat ich in jenem spezifischen Falle auch:

Diese Einträge stammen von 1995 und haben mich auf eine interessante Spur geführt.

Also das ist wieder typisch. Da frage ich mich noch, ob mein Körper mich quasi anfleht, mich endlich von meinem fetten A ... zu erheben und wenigstens mal 45 Minuten pro Tag zu WALKen und schon wieder habe ich mich gedrückt. Einerseits sehr interessant, andererseits macht es mich doch sehr nachdenklich ...

Wenn ich einen spannenden „Faden" entdecke, verfolge ich ihn über eine gewisse Zeit. Manchmal führt er in eine geistige Sackgasse, manchmal aber entpuppt er sich als regelrechter Ariadne-Faden, mit dem ich aus einer tiefen „Höhle" ans „Licht" finde (weil ich neue EinSICHT-en gewinne oder gar – in diesem Punkt – eine gewisse „Erleuchtung" erlebe). So auch hier. Denn, einige Tage später, sichtete ich die hier zitierten Textstellen und schrieb:

Anscheinend reicht Nachdenken nicht, denn dabei ist es geblieben. Jetzt möchte ich zu gern wissen, was mich akut vom WALKen abhält? Ich werde mir eine Notiz schreiben und dem bewußt nachgehen ...

Zwei Tage später:

Habe ein KaWa© gemacht (s. Abbildung rechts) und bin dabei wahrscheinlich auf den Grund meines Nicht-Gehens gestoßen:

Nach **W** (*Wille*) und **L** (*Luft, frische*) ergab das **A** Angst, und das **K** führte zu *Kampfhormone*!

Also doch kein Wunder, daß ich nicht walken war …

Vgl. den Beitrag *Kreatives Denken mit* ***KaWa***©, S. 117 f.

Daß meine Angst sich auf **Hunde** bezog, fiel mir innerhalb von Augenblicken ein, nachdem die Angst erst einmal hingeschrieben worden war. Des weiteren laufen in meinem Dorf einige ziemlich große Hunde frei herum. Da ich im Alter von vier Jahren von zwei Hunden gleichzeitig angegriffen wurde, ist mir eine gewisse Hundeangst geblieben, wobei diese mit der Größe des Hundes wächst. Nun, beim nächstenmal schrieb ich:

Also, jetzt werde ich testen, ob es wirklich die Hunde sind. Wenn ich ein WALK-ing-Gerät auf der Terrasse installiere, dann müßte ich schnell herausfinden, ob ich regulär WALK-en werde.

Das Gerät habe ich besorgt und tatsächlich angefangen, regelmäßig zu trainieren.

In meinen **alten Journalen** aus Amerika fand ich einen weiteren Passus von Textstellen (nach der GOETHE-Technik): **Ich war dem Gedanken damals (ca. 1968) das erste Mal bewußt begegnet, daß die Welt unser Spiegel sein könnte.** Daß wir in die Welt **hineinschauen** und quasi uns sehen. Daß die Welt uns spiegelt. Und daß, wer beispielsweise von negativ gestimmten Menschen umgeben zu sein scheint, möglicherweise selbst die Quelle dieser Negativität ist.

Vgl. den Beitrag *Frosch oder Adler?*, S. 65 ff.

Ich fand diesen Gedanken im ersten Ansatz ziemlich blöde. Ich war nämlich damals umgeben von „aggressiven" Menschen (die mir immer an den Kragen wollten). Ich war ständig verletzt und dabei, mich zu verteidigen und zu **re**-agieren. Ich konnte selbstverständlich absolut nichts dafür, daß es so viele Leute gab, die mich angegriffen ... **Quaaaaak**.

Das war meine **damalige** Geisteshaltung, und dann begegnete ich diesem Gedanken (unsere Welt als Spiegel), den ich natürlich zunächst brutal ablehnen „mußte“, wollte ich doch mein Selbstwertgefühl, das zu der Zeit sowieso arg strapaziert war, nicht noch weiter gefährden. Bald tauchte der Gedanke im Kläranlagen-Journal (das ich damals noch *Thought-Monitor* nannte) auf. An einem Tag schrieb ich:

Vgl. den Beitrag *Welt als Spiegel?*, S. 228 ff.

Wenn die Welt ein Spiegel ist, dann müßten die vielen aggressiven Menschen, denen ich laufend begegne, meine eigene Aggressivität widerspiegeln. **Quatsch!**

Dann las ich dies etwas später nochmal, und schrieb:

Angenommen ich wäre wirklich viel aggressiver als ich glaube ..., na ja, ich bin schon manchmal ziemlich heftig in meiner Abwehr, aber **ich wehre mich** ja nur!

Am nächsten Tag:

Kann man aggressiv abwehren, wenn man eigentlich ganz und gar nicht aggressiv ist? Interessante Frage!!! Anscheinend ist ja doch eine Menge Aggressivität in mir. Ich werde die Gruppe fragen.

Wir hatten damals so ein wöchentliches Meeting mit Menschen, mit denen wir gemeinsam über solche Dinge reden konnten (eine sogenannte T-Group). Nachdem ich die Gruppe gefragt hatte:

Die Gruppe ist sich einig. Ich scheine ziemlich aggressiv zu sein. Schon, wie ich im coffee-shop einen Imbiß bestelle oder wie ich herummeckere, wenn kein Eiswasser da ist, wie ich anderen mit meinen Zwischenfragen in die Parade fahre usw. Einige fühlen sich regelmäßig durch meine Art oder inhaltlich, durch meine Art von Fragen, angegriffen.

So hatte ich mich noch nie wahrgenommen. Ein paar Tage später:

Oft lernt man erst durch die Augen anderer zu sehen, wenn man sich mit deren Ansichten auseinandersetzt – auch wenn es unangenehm ist.

... Da fällt mir ein, daß meine ganze Familie so ist. Deshalb dachten Ausländer immer, wir würden streiten, was uns alle immer total überrascht hat. Kann es sein, daß diese Aggressivität **keine Aggressivität gegen** andere ist? Dem Gedanken könnte man einmal nachgehen ... Nur, warum **fühlen** sich die anderen dann **doch** von mir angegriffen ...?

Einige Tage später:

Wahrscheinlich ist jede Aggressivität aggressiv, **wenn** verschiedene Menschen sich regelmäßig angegriffen oder verletzt **fühlen.** Dies müßte dann auch für oder mich und meine Aggressivität gelten! Darüber sollte ich mit mehr Menschen sprechen, insbesondere mit A. und M. Und ich sollte lernen, bewußter zu beobachten, wie Menschen auf meine Art **re**-agieren, wenn ich mich vorher nicht angegriffen gefühlt hatte ...

Schlußfolgerung einige Wochen später:

Die Welt war mir in diesem Aspekt eben doch ein Spiegel gewesen ...

Sie sehen, zu welchen neuen Einsichten diese Technik verhelfen kann. Dieses Beispiel (Welt als Spiegel) war das **erste**, bei dem mir die **Kläranlagen-Schreibübungen** im Sinne des **Erforschens der eigenen Insel** maßgeblich weitergeholfen hatten! Ich setze die Technik seit 1969 ein und stoße immer wieder auf Entdeckungen, die ich auf normalem Wege nie hätte machen können.

Vgl. den Beitrag *Insel-Modell – Können wir die Brücke bauen?*, S. 100 f.

Kommunikation

Wenn wir an Kommunikation denken, dann meinen wir immer, jede/r würde sie beherrschen, weil wir andauernd kommunizieren. Dabei läuft die Kommunikation bei weitem nicht so optimal, wie wir immer glauben. Es lohnt sich also, darüber nachzudenken.

Kommunikation ist eines der komplexesten Themen des menschlichen Lebens. Sie ist ein vielschichtiger Vorgang, bei dem weitaus mehr mitkommuniziert wird, als wir uns gemeinhin vorstellen. Dazu Matthias VARGA VON KIBED, Professor für Logik und Trainer für Systemische Therapie:

„Es gibt Zuhörer, in deren Gegenwart uns sozusagen das Herz und der Mund aufgehen. Wenn wir annehmen, wir könnten ***das****, was wir gesagt haben auch jederzeit* ***ohne*** *diesen Zuhörer sagen, widerspricht das unserer Erfahrung. Kommunikation ist eine Eigenschaft, die nur denen, die miteinander in Verbindung sind,* ***gemeinsam*** *zugeschrieben werden kann. Aber es spielen nicht nur die im Raum anwesenden Personen, sondern auch* ***abwesende Personen*** *eine Rolle in einer Kommunikation. Wenn wir bestimmte Themen aus unserem Leben weitgehend ausschließen, weil wir damit etwas Schweres oder Unangenehmes verbinden – z.B. es gibt eine schwere Erkrankung in unserer Familie – sind wir, wenn dieses Thema erwähnt wird, ein wenig befangen oder verschließen uns. Das heißt, auch abwesenden Personen und unserem Umgang mit ihnen kommt eine Rolle zu in der Kommunikation, in der wir jetzt sind. In einer ganz einfachen Weise wissen wir, daß auch Vorbilder eine Rolle in einer Kommunikation spielen. Jemand verhält sich so, wie er oder sie meint, wie sich jemand in dieser Lage oder in dieser Situation verhalten sollte. Das geschieht typischerweise, wenn Jugendliche ihre erste Beziehung aufnehmen und sie noch etwas unklare Vorstellungen haben, wie man sich verhalten solle. Sie ahmen dann irgendwelche Modelle oder Vorbilder nach und fühlen sich in dem Maß verunsichert, in dem sie merken, dass sie ganz andere Menschen sind als ihre Vorbilder.“*

(Aus der ALPHA-Sendung zum Thema „Kommunikation“)

Ein entscheidender Faktor für Mißverständnisse in einer Kommunikation, ist die Tatsache, dass Kommunikation sich für die meisten Leute wie ein **linearer** Vorgang darstellt: A sagt etwas zu B und B reagiert darauf. Nun ist es aber so, daß A vielleicht das Gesagte gar nicht gesagt hätte oder es anders gesagt hätte, hätte B sich vorher anders verhalten (jede Art von Verhalten ist auch Kommunikation). Wenn A und B sich klar machen, daß Kommunikation ein **kreisförmiger Prozeß** ist, bei dem es weder Anfang noch Ende gibt, würden beide nicht mehr über die allseits bekannten Streitfragen diskutieren: „Wer hat angefangen?" und „Wer ist schuld?". Erkennt man das **gemeinsame Spiel**, in das beide gleichermaßen verwickelt sind, dann kann die Haltung von beiden nicht mehr sein: *„**Du** mußt Dich ändern"*, sondern sie lernen, die viel wichtigere Frage zu stellen: *„Wie können **wir** uns ändern, damit unsere Kommunikation besser wird"?* Dann wird vielleicht der Streit um die herumliegenden Socken nächstes mal anders verlaufen.

Gute Kommunikation ist ein inspirierender Austausch mit mindestens einem anderen Menschen. Wenn Kommunikation von Freundlichkeit und Offenheit getragen wird, werden sich Türen öffnen. Matthias VARGA VON KIBED erläuterte uns eine interessante Sichtweise, die hilfreich ist, die Kommunikation zu verbessern:

„Welche Art von Wirkung sollte eine gute Kommunikation haben? Wenn zwei Personen sagen, daß sie Schwierigkeiten haben, über etwas miteinander zu sprechen, dann sollte man zunächst fragen:

*Woran würdet Ihr merken, daß die Art und Weise, **wie** Ihr miteinander kommuniziert (wie ihr miteinander in Kontakt seid, wie Ihr miteinander sprecht), **mehr** von der Art und Weise ist, wie Ihr sie Euch **wünscht**? Was sollte anders sein, wenn Eure Kommunikation besser **ist**?*

*Üblicherweise stellen wir uns Kommunikation als etwas vor, wie Menschen Verbindung zwischen sich herstellen. Das heißt, wir gehen davon aus, dass die beiden Systeme der Personen **getrennt** sind.*

Es gibt ein ganz anderes Bild, wenn wir davon ausgehen, dass diese ***Verbindung*** *eigentlich schon* ***existiert****, und daß diese Verbindung vielleicht nur vergessen, übersehen oder von etwas gestört wurde. Wenn wir davon ausgehen, daß es diese Verbindung schon gibt, dann besteht Kommunikation und das Fördern von Kommunikation in der* ***Wiedererinnerung*** *oder in dem* ***Wiederfinden*** *von etwas, das sowieso zu uns gehört.“*

(Aus der ALPHA-Sendung zum Thema „Kommunikation“)

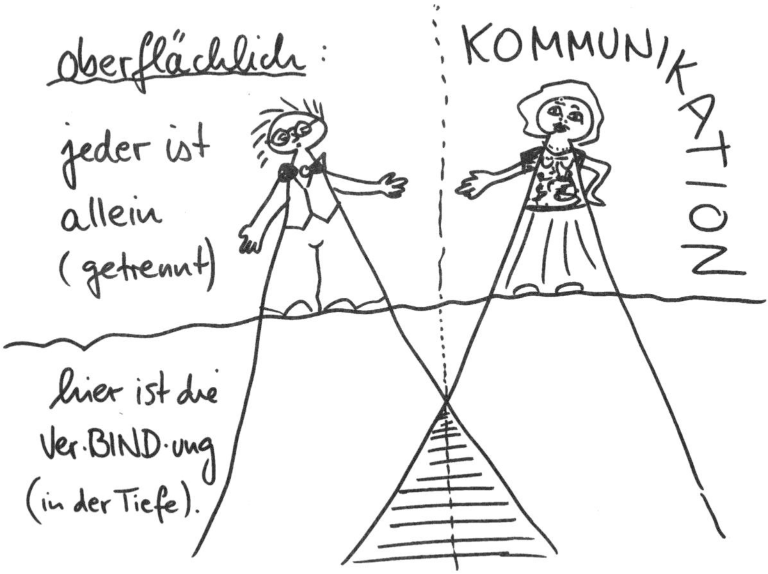

Kreatives Denken mit KaWa©

In diesem Abschnitt möchte ich Ihnen eine von mir entwickelte Denk-Technik vorstellen*. Sie stellt eine Hälfte einer Zwillings-Technik dar. In beiden Fällen suchen wir **kreative Assoziationen** zu dem Thema, über das wir gerade nachdenken wollen, aber der eine Zwilling arbeitet mit Bildern (grafische Assoziationen), während der andere mit Worten (Begriffen, Namen, also mit Sprache) spielt. Der Oberbegriff meiner Technik heißt **ANALOGRAFIE©**. Dabei steht **ANALOGRAFIE©** für **ANALOGES** (= bildhaftes, symbolisches) **Denken mit einem Stift** (vgl. griechisch grafein = **ritzen**), d.h. schreiben **und/oder** zeichnen.

Die beiden Techniken **KaGa©** und **KaWa©**, werden von mir ständig genutzt. Beispiele finden Sie im gesamten Buch.

Dies beschreibt die beiden **Arten**, *analografisch* zu denken: Zum einen können wir **zeichnend** reflektieren (**KaGa©**), zum anderen sprachlich

* Dieser Beitrag wurde bereits in meinem *Birkenbihl-Brief* angesprochen. Bei näherem Interesse können Sie weitere Informationen im Internet unter www.birkenbihlbrief.de oder unter Tel.: 089-71 04 66 65 erhalten.

(**KaWa©**). In **beiden Fällen** handelt es sich um eine **Kreative Analografie,** in der wir **Assoziationen** suchen. Im Falle des Zeichnens sollen dies **Grafische** Assoziationen sein, beim sprachlichen Denken hingegen **Wörter:**

Mehr Details, vor allem zu **KaGa©**, finden Sie in meinem Taschenbuch *Der Birkenbihl Power-Tag.*

In diesem ALPHA-Buch möchte ich Ihnen die Wort-Variante der Analografie©, also **KaWa©**, nahebringen.

KaWa©: WORT-Assoziationen und KaGa©: GRAFISCHE Assoziationen

Haben Sie Lust, gleich einmal ein kleines Experiment zu wagen? Dann beginnen Sie mit dem Namen einer Person, die Sie gut kennen. Schreiben Sie den Namen in die Mitte eines Blattes:

Nun suchen Sie **kreative Assoziationen**, und zwar **zu den einzelnen Buchstaben des Namens**. Heißt die Person z.B. **EVA**, dann fällt Ihnen zu „E“ vielleicht ein, daß sie sehr *einfallsreich* (*energiegeladen, erfolgreich*) ist; beim „A“ denken Sie vielleicht daran, wie *aufmerksam* Eva immer zuhört; und das „V“ löst weitere Gedanken an diese Person aus …

Natürlich müssen Sie die Buchstaben nicht von vorne nach hinten (der Reihe nach) durchlaufen! Schweifen Sie mit den Augen entspannt über den Namen (oder den Begriff, über den Sie heute reflektieren wollen), entspannen Sie sich und warten Sie. Plötzlich fällt Ihnen zum dritten Buchstaben etwas ein, dann zum ersten, nun zum letzten usw.

Sie können ruhig auch zwei oder drei Assoziationen zu einem der Buchstaben aufschreiben.

Sehr interessant kann es sein, wenn Sie mehrere Menschen mit denselben Namen kennen: Hier habe ich zwei völlig unterschiedlich gelagerte Herren namens Wolfgang miteinander verglichen, den einen im oberen, den anderen im unteren Bereich (siehe Abb. S. 120).

Natürlich können Sie genau so gut über Ihren eigenen Namen nachdenken.

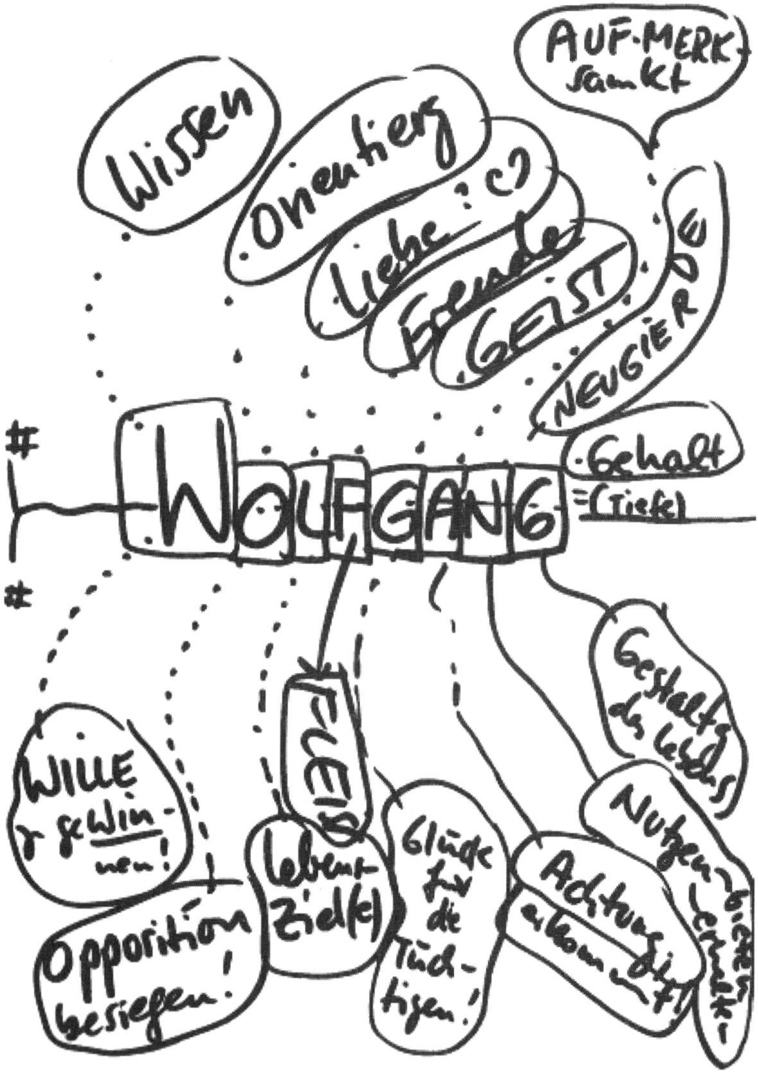
AUF·MERK
samkt
Wissen
Orientierg
Liebe
GEIST
NEUGIERDE
Gehalt
=(Tiefe)
WOLFGANG
#
#
WILLE
gewinnen!
Opposition
besiegen!
Lebens
Ziel(e)
Glück
für
die
Tüch-
tigen!
Gestalts
des Lebens
Achtung
Nutzen

Als nächstes stelle ich Ihnen meine Assoziationen zu meinem Nachnamen (also zu mir als Management-Trainerin, Kongreßrednerin, Autorin …) vor:

Was halten Sie davon, wenn Sie mindestens fünf Freunde oder Freundinnen bitten, ein **KaWa**© zu Ihrem Namen anzulegen?

Sie werden feststellen, daß diese Art zu denken höchst interessante Entdeckungen auslösen kann. Wobei das kreative Assoziieren zu Namen nur der Einstieg ist. Jeder Begriff, der bei einem Denkprozeß als wichtig auftaucht, kann per **KaWa**© „aufgedröselt" werden. Angenommen, Sie empfinden etwas als *Problem:* Beginnen Sie ganz schnell mit dem Begriff *Problem.*

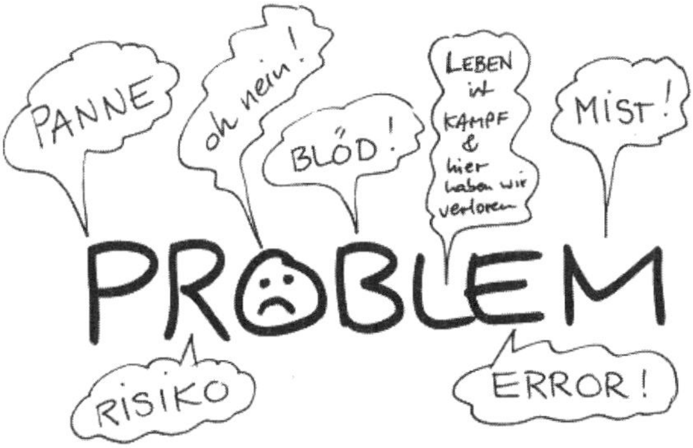

Wenn Sie die ersten 20 bis 30 Mal bewußt daran denken, ein **KaWa**© anzulegen, dann wird es bald zur zweiten Natur, so zu denken …

KaWa© als Analyse-Instrument

Dabei könnte es sein, daß Ihre **ersten** Assoziationen recht negativ ausfallen (denn, jede/r „weiß" doch: Probleme „sind" negativ, oder??!). Somit kann ein schnell „hingeworfenes" **KaWa**© Ihnen helfen, herauszufinden, **wie** (und was) **Sie über eine Sache** (oder Person) **denken**. Dabei wird manchmal so mancher vorher vollkommen unbewußte Gedanke auftauchen. Eben das macht diese Denk-Art ja so spannend. Sie sehen also, **KaWa**© kann auch ein Instrument der (**Selbst-**)**Erkenntnis** sein!

Anschließend können Sie Ihre **Einstellung** zu dieser Sache (Person) dadurch **verändern**, daß Sie **bewußt positive Assoziationen** suchen:

Was könnte Ihnen zu den anderen Buchstaben von *Problem* noch an **positiven** Assoziationen einfallen? Vielleicht wollen Sie ein wenig nachdenken, ehe Sie weiterlesen? Meine Vorschläge finden Sie am Ende dieses Abschnittes.

Schreiben Sie das Wort **wieder** auf (in unserem Fallbeispiel das Wort *Problem*) und beginnen Sie auf einem neuen Blatt (im wahrsten Sinne des Wortes) noch einmal von vorne. Vielleicht fällt Ihnen bei „O" **jetzt** *Offenheit* ein, und plötzlich wird Ihnen klar, daß Sie in der letzten Zeit in Ihrem Denken über diese Sache (Person) ziemlich „geschlossen" gewesen waren. Beim „R" fällt Ihnen **jetzt** möglicherweise *Ressourcen* ein, und Sie fragen sich erstaunt, welche Ressourcen bei diesem Problem bisher noch nicht ausgeschöpft wurden? Usw.

So kann sich die **Bedeutung** eines Begriffes oder Namens für uns vollkommen verändern, denn durch diese Art des Denkens **entstehen neue Denk-Verbindungen**, so daß **KaWa**© ein faszinierendes emotionales wie **geistiges Abenteuer** werden kann.

Beachten Sie bitte auch, wie anders die **Darstellung** des **KaWa**© auf uns **wirkt**: Ich könnte Ihnen die Assoziationen linear (linkshirnig) auflisten und Sie könnten sie Wort für Wort lesen, aber Sie erleben weit mehr, wenn Sie sich ein **KaWa**© ansehen oder selbst erstellen. Beispiel: ***REICHTUM***

R = REAKTIONen (teilen & teilhaben lassen: Gib, und dir wird gegeben; Liebe/Leid ed., geteiltes Leid = halbes Leid, aber geteilter Ärger = Ärger^2, geteilte Freude = Freude^2, geteilte Liebe = Liebe^2 etc.; RE-AKTION – Was immer du gibst, wird dir gegeben – Aggression, Erfolgstips, Liebe ect.; Resonanz – Womit sind wir in Resonanz?

E = ENERGIE

I = INTELLIGENZ des Herzens; Intelligenzen, analytisch, kreativ, praktisch, Beziehungen & Kommunikation, Musik/Künste etc.

CH = CHARISMA, Charakter

T = TEILHABEN lassen, teilen

U = man muß etwas UNTERNEHMEN!

M = MATERIELL – als EINE Form des Reichtums

So, jetzt wissen Sie genug über die Technik, daß Sie damit beginnen können. Es ist wie Kreuzworträtselraten: Anfangs geht es noch langsam (vielleicht sogar etwas mühselig), später tun es die Leute freiwillig! Um Ihnen Lust auf **KaWa**©s zu machen, werden Sie im ganzen Buch immer wieder mal ein **KaWa**© vorfinden. Vielleicht lassen Sie sich inspirieren und beginnen beim Lesen, Ihnen wichtige Begriffe „einfach so mal **KaWa**©-mäßig zu erforschen“ …? Es würde mich freuen.

Erinnerung an Aufgabe S. 121.

Sie erinnern sich noch an die Aufgabe von S. 121? Hier ist der versprochene neue Ansatz. Es folgen meine positiven Assoziationen zu *Problem* (vgl. Marginalie S. 122):

Lesen, kreatives

Lassen Sie uns zwei Annahmen in Frage stellen, die Sie vielleicht seit Ihrer Kindheit und Jugend über das Lesen von Sachtexten mit sich „herumschleppen", so daß Sie in Zukunft mit noch mehr Gewinn lesen können. Es handelt sich um folgende Ideen: Erstens, man sollte jedes Sachbuch **ganz** lesen ... und zweitens, man sollte möglichst **schnell** lesen ...

1. Immer alles ...?

Bitte fragen Sie sich: Welcher maßgebliche Unterschied besteht zwischen einem Buch und einem **Live**-Vortrag (Seminar, Dokumentarfilm oder Interview im Fernsehen)? Nun, solche Darbietungen haben natürlich eine Menge Vorteile, aber auch einen gewaltigen Nachteil: Sie als (zahlender) Kunde müssen sich dem Tempo und Rhythmus, sowie der angebotenen Reihenfolge anpassen. Deshalb schneide ich interessante Beiträge im Fernsehen fast immer mit und sehe sie mir erst hinterher auf Video an. Bei einem Buch hingegen **bestimmen Sie** selbst, wie Sie wann vorgehen werden, beispielsweise **die Reihenfolge.**

Dadurch kann ich jederzeit zurückspulen, wenn z.B. der Name eines Wissenschaftlers zu kurz eingeblendet war; ich kann auf Pause drücken, wenn ich kurz nachdenken will usw.

Wer sagt denn, daß Sie vom ersten zum letzten Wort lesen (so wie Sie zuhören) müssen? Ich beginne Bücher prinzipiell hinten, indem ich mir einen ersten Überblick via Stichwortverzeichnis (so vorhanden) verschaffe, **dann** blättere ich von hinten nach vorne (entspannt, mit „weichem Blick") und stoppe hier und da (z.B. bei einer Abbildung), **danach** lese ich das Vorwort und **jetzt erst** suche ich mir im Inhalts- (oder Stichwort-)verzeichnis heraus, was mich (heute!) besonders interessiert.

Ein weiterer Vorteil des Buches besteht in der Möglichkeit, sich die besten **Rosinen herauszupicken.** Die Annahme, man solle ein Buch von vorne bis hinten lesen, stammt aus der Zeit, als es noch wenige Bücher zu bestimmten Themenbereichen gab, während Sie heute vielleicht das zehnte Buch über eines Ihrer Lieblingsthemen lesen. Natürlich wird es inhaltliche Überschneidungen geben! Aber die müssen Sie doch nicht jedesmal wieder Wort für Wort lesen! Hier reicht ein schnelles Überfliegen, damit Sie feststellen, daß dieses Kapitel (dieser Abschnitt) überwiegend Infos bietet, die Sie bereits besitzen. Wenn dies 20 Leser tun, werden die bekannten Stellen nicht bei allen dieselben sein!

Sollten Sie beim Schmökern in Kapitel 8 merken, daß der Autor regelmäßig auf irgendwelche Informationen aus Kapitel 3 zurückgreift, dann können Sie dieses Kapitel **auch** im Anschluß noch lesen!

Betrachten Sie also jedes Sachbuch wie einen „Ideen-Supermarkt", in dem Sie nur das kaufen, was Sie tatsächlich kaufen wollen! Wenn Sie im Inhaltsverzeichnis eine Überschrift finden, die Sie maßlos reizt, dann „springen" Sie ruhig „kalt" in dieses Thema „hinein".

2. Gaaaanz schnell lesen?

Ihr eigenes Tempo ist wichtig – lassen Sie sich nicht hetzen.

Wenn Sie Ihr Leseverhalten in der Vergangenheit beobachtet haben, dann wissen Sie, daß Sie nicht immer gleich schnell vorgehen. Manche Menschen haben dann Schuldgefühle, wenn Sie sich dabei ertappen, mal wieder zu langsam gelesen zu haben; das ist falsch: Je neuer oder unglaublicher Ihnen etwas vorkommt, desto öfter werden Sie den Impuls verspüren, innezuhalten, um diese Ideen zu verarbeiten; dabei muß Ihr Gehirn tatsächlich „arbeiten“, weil es jede Menge Infos in Ihrem Wissens-Netz gibt, die durch den neuen Gedanken bereichert oder in Frage gestellt werden. Nehmen Sie sich also die Zeit und nutzen Sie diesen Vorteil gegenüber einem Live-Vortrag, bei dem Sie diese Wahlmöglichkeit eben nicht haben (s. auch unten).

Vgl. den Beitrag *Meme – Chancen und Gefahren*, S. 131 ff.

Wenn Sie lernen, **selektiv zu lesen**, dann lernen Sie gleichzeitig, sich wie ein mündiger „Kunde“ zu verhalten: Die Autoren müssen in jedem Buch ein Gesamt-Bild zeichnen, denn es könnte ja das erste (oder einzige) Buch sein, daß Sie zu diesem Thema lesen wollen. Aber je mehr Vorkenntnisse Sie bereits mitbringen, desto mehr interessieren Sie zwei Arten von Informationen: Erstens neue (um Ihr Wissensnetz zu erweitern) und zweitens bekannte Gedanken, die man sich immer wieder zu Gemüte führen sollte, weil man im Alltag dazu neigt, sie zu vergessen (z.B. bestimmte erfolgspsychologische Aspekte). Rosinen herauspicken heißt, bewußt zu entscheiden, was Sie zum ersten (oder fünften) Mal lesen, weil Sie genau das jetzt **lesen wollen**!

Hier kann es äußerst reizvoll sein, bewußt zu registrieren, wie verschiedene Autoren gleiche Prinzipien ähnlich oder anders darstellen, wobei die eine Art der Beschreibung uns plötzlich „weit mehr sagen“ kann, als zuvor gelesene (von anderen Autoren).

Der Gedanke, man sollte alles „Lesematerial“ so **schnell** wie möglich „durchpflügen“, nach dem Motto, es fehle immer an der Zeit alles zu lesen, ist außerordentlich gefährlich. Erstens sahen wir (oben) bereits, daß Sie am meisten gewinnen, wenn Sie die für Sie attraktiven „Rosinen“ herauspicken, weil es dadurch keine „ellenlangen“

Textstellen mehr gibt, die Sie lesen, wiewohl sie Sie langweilen! Damit schrumpft zweitens die Anzahl von Seiten, die Sie lesen „müssen“, gewaltig, während Sie gleichzeitig weit mehr als früher profitieren! Drittens könnten Sie folgende Gründe für/gegen schnelles Lesen berücksichtigen:

SCHNELL IST OPTIMAL, wenn …

… Sie sich einen **Überblick** verschaffen wollen. Dies passiert z.B. bei „Photoreading“ (nach Paul Scheele): Sie sortieren in sehr kurzer Zeit viele Ideen in Ihr Wissens-Netz, die jetzt allerdings „passives Wissen“ darstellen, deshalb müssen Sie ja die nachfolgenden Schritte erst durchlaufen, um dieses Wissen **nach** dem Leseprozeß zu aktivieren! Das ist optimal, wenn Sie sehr viel Material „durchackern“ müssen, z.B. Textbücher oder den 800 Seiten Bericht einer Kommission, oder wenn Sie den Weg von „Null Ahnung“ zu erstem Wissen in einem für Sie neuen Bereich gehen wollen.

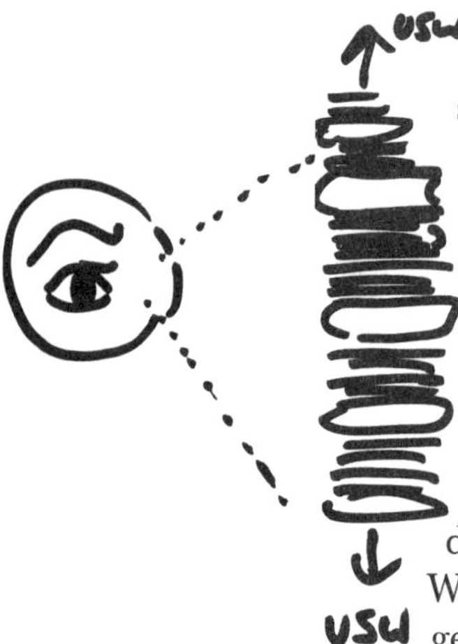

… Sie einige Werke „sondieren“, um zu entscheiden, welche Sie anschließend detaillierter durchgehen wollen. Das ist so, als ob Sie in einer Bildergalerie erst durch alle Räume „rasen“ würden, um zu entscheiden, in welcher Halle (welchem Buch) Sie sich später einige Bilder (Rosinen) genauer ansehen wollen.

SCHNELL IST GIFT, wenn …

… Sie sich auf einen „Dialog" mit dem/der Autor/in einlassen wollen. Schnell-Lesetechniken hier entsprechen einem in der Geschwindigkeit extrem gesteigerten Gespräch, wenn also z.B. zwei Schnellsprecher (wie Dieter Thomas HECK) sich unterhalten wollen. Je bekannter, vertrauter die Informationen sind, desto besser geht das. Wenn Sie jedoch ein Autor „bei der Hand" nehmen und in für Sie neue Gedanken (oder gar in eine neue Gedankenwelt!) einführen könnte, dann wollen Sie jeden Gedanken in Zeitlupe betrachten. Sie wollen bewußt registrieren, welche intellektuellen und emotionalen Assoziationen diese Worte in Ihnen auslösen. Sie wollen sich die Zeit nehmen, um an eigene ähnliche Erlebnisse oder ähnliche Probleme in Ihrem persönlichen Leben zu denken usw. Hier ist Schnell-Lesen Gift, denn es bewirkt **mehr Verwirrung nach dem Lesen** als vorher. Sie tun sich damit keinen Gefallen!

Hier ist Schnell-Lesen Gift, denn es bewirkt **mehr Verwirrung nach dem Lesen** als vorher. Sie tun sich damit keinen Gefallen!

… wenn ein/e Autor/in eine besonders schöne (oder klare, bildhafte usw.) Sprache spricht. Hier ist der Leseprozeß ein Genuß, um den Sie sich bringen, wenn Sie mit dem Helikopter „drüberfliegen": Sie sehen nur noch „Landschaft", aber keine Berge und Täler mehr; Sie sehen Wald, aber keine Bäume, ganz zu schweigen, von Zweigen, Ästen, Blättern und den feinen Nuancen von Farben, Formen usw. Hier gilt es innezuhalten, sich einzelne Wörter oder Wendungen genüßlich „auf der Zunge zergehen" zu lassen. Hier sind Sie nicht in einem Fast-Food-Laden, in dem Sie möglichst schnell etwas in sich „hineinschlingen“ müssen – hier sollen Sie Gourmet sein! Dies gilt nicht nur für „gute Literatur“ und philosophische Werke. Es gibt tatsächlich Sachbuchautoren, deren Sprache an sich das Lesen zum Genuß macht (z.B. George LEONARD: *Der längere Atem*). Wenn Sie feststellen, daß Sie ein solches Buch in Händen halten – nutzen Sie die doppelte Chance!

Apropos „aufmerksam“: **Auf**-MERK-samkeit bedeutet erstens, daß Sie sich für das, was Ihnen derzeit wichtig ist (Info und/oder Stil) öffnen (d.h. **auf**-machen). Zweitens impliziert Auf-**MERK**-samkeit, daß Sie sich (quasi vollautomatisch) ein Maximum **merken** können, weil Sie sich nicht „krampfhaft“ um „Ausbeute“ beMÜH-en, sondern weil Sie das Lesen genießen!

Sie sehen also: Lesen ist nicht gleich Lesen! Genau wie Reisen (Flugzeug oder Wandern) oder Essen: Wählen Sie die **Lese-Art,** die Ihrer jeweiligen **Zielstellung** entspricht, dann werden Sie sowohl den größten Gewinn „herausschlagen“, als auch aufmerksam lesen können.

Meme – Chancen und Gefahren

Ich möchte diesen Abschnitt mit einer Quizaufgabe beginnen*. Bitte kreuzen Sie mit einem Stift an, damit Sie später nachsehen können, wie Sie jetzt reagieren ...

Nr.	Faktor	Gene	Faktor X
1	Ihr **Knochenbau**	❐	❐
2	Ihr **Weltbild**, also das Bild, das Sie sich von der Welt machen.	❐	❐
3	Ihre **Augenfarbe**	❐	❐
4	Ihre **politische Einstellung** (Ihre derzeit geltende Einstellung)	❐	❐
5	Ihre **Nasenform**	❐	❐
6	Ihre **religiöse Überzeugung** (Ihre derzeitige religiöse Einstellung)	❐	❐
7	Die **Form** Ihrer **Fingernägel**	❐	❐

Um von diesem Beitrag optimal zu profitieren, benötigen Sie einen **Stift**.

Haben Sie einen?

Anweisung: Identifizieren Sie bei jedem aufgelisteten Punkt den Faktor, der „dahinterliegt". **Beispiel:** Ihre **Augenfarbe** ist genetisch **bestimmt,** also würden Sie hier ***GENE*** ankreuzen. Aber bei manchen Punkten denken Sie: „Das würde ich **nicht** den Genen zuordnen ..." Hier kreuzen Sie dann den ***Faktor X*** an.

* Dieser Beitrag wurde bereits in meinem *Birkenbihl-Brief* angesprochen. Bei näherem Interesse können Sie weitere Informationen im Internet unter www.birkenbihlbrief.de oder unter Tel.: 089-71 04 66 65 erhalten.

8	Alle **Meinungen**, die Sie sich sich im Lauf der Zeit durch Nachdenken gebildet haben	❒	❒
9	Der **Zeitpunkt**, an dem Ihre Haare dünner werden bzw. ganz ausfallen, sowie, welche **Form** Ihre **Glatze** dann entwickeln wird	❒	❒
10	Alle **Gewißheiten**, die Sie manchmal sogar mit Rechthaberei durchsetzen wollen (notfalls, indem Sie regelrecht zu „**missionieren**" beginnen ...)	❒	❒

Die **Memetik** wurde erst 1976 „geboren" und wir wissen ja, daß sich ein neues Forschungsgebiet in der Regel einige Jahrzehnte entwickelt, ehe die Welt „außerhalb des Elfenbeinturms" etwas davon erfährt. Die Grund-Einheit der **Memetik** ist das **Mem.**

Wir kommen später auf das Ergebnis zurück. Jetzt möchte ich Ihnen noch eine weitere Frage stellen: Haben Sie schon einmal etwas von der neuen Wissenschaft der **Memetik** gehört/gelesen?

Es handelt sich hierbei um ein faszinierendes Denk-Werkzeug (neudeutsch: *Denk-Tool*), das uns helfen kann, manche Dinge mit ganz anderen Augen zu sehen. Ausgangsbasis war die Frage, ob es neben der biologischen (**genetischen**) Vererbung auch eine **kulturelle** Vererbung geben könnte. Kann man annehmen, daß **Ideen**, die von einer Generation zur nächsten weitergegeben werden, sich **ähnlich wie Gene verhalten** (z.B. falsch kopiert werden können, mutieren, verschwinden, in neuen Kombinationen wieder auftauchen)? Können einzelne Informationen (als Teile von Ideen) mit Allelen (als Teile der Genen) verglichen werden? Wenn ja, dann könnte dies bahnbrechende Auswirkungen haben, denn:

Gene können nur von einer Generation an die nächste weitergegeben werden, Gedanken (**Ideen**) aber können von einem Menschen zum nächsten Menschen **in derselben Generation** „vererbt" werden.

Einer der Forscher, die sich derartige Fragen stellten, ist der Biologe Richard DAWKINS, und er schlug einen Begriff für dieses Phänomen „sich vererbender Gedanken/Ideen" vor: Das Mem als **Einheit kultureller Transmission**. Es funktioniert, analog dem **Gen**, im Sinne der Weitergabe von Ideen und Infos. Allerdings verbreiten **Meme** Ideen sowohl **vertikal** (= von Generation zu Generation) als auch **horizontal** (= von Mensch zu Mensch).

Oft sind **Meme miteinander verbunden** (Mem-Bündel, Mem-Gruppe oder Mem-Cluster). So enthält z.B. das Meta-Mem *Mathematik* u.a. die beiden Mem-Bündel: *Arithmetik* und *Geometrie*, welche sich beliebig weiter unterteilen lassen …

Beispiel: Angenommen Sie hören einen **guten Witz**, den Sie möglichst vielen Menschen weitererzählen möchten. Geht es diesen Menschen anschließend ähnlich, dann erinnert die Verbreitung dieser Story schon bald an das Wachstum einer Feuersbrunst. Diesen Prozeß meint der Volksmund, wenn er sagt: **eine Idee verbreitet sich wie ein Lauffeuer.**

Nun kann ein **Mem** eine **kleine Idee** sein, z.B. ein fester Platz für den Schlüssel. (Wer es lernt, den Schlüssel **immer** dorthin zu legen/hängen, kann die Schlüsselsuche für immer beenden!).

Ein Mem kann aber auch eine **große Idee** sein, z.B. eine wissenschaftliche Theorie (vgl. Relativitäts- oder Evolutions-Theorie, Quanten-Physik, Komplexitäts-Theorie oder die neue Wissenschaft der Memetik).

Ein Mem kann **alt** sein (die Idee von Atomen wurde vor mehr als zwei Jahrtausenden von Demokrit im alten Griechenland „geboren“, und die Idee, daß der Geist den Körper beeinflußt, kam im „alten“ Indien bereits vor über dreieinhalb Jahrtausenden auf); gleichzeitig werden natürlich laufend **neue** Meme in die Welt gesetzt, von denen einige manchen alten zur Seite stehen (Klettverschluß an der Seite des Reißverschlusses).

Die Idee und der Begriff „Mem“ wurde der Welt von Richard DAWKINS (1976 in seinem Buch *Das egoistische Gen*) vorgestellt. Zwar gab es andere Wissenschaftler, die ähnliche Gedanken entwickelten, aber deren Begriffe konnten sich nicht durchsetzen, woran wir sehen: das Mem ***Mem*** war erfolgreicher als seine Wettbewerber!

Allerdings gilt auch: **Je neuer ein Mem ist**, desto mehr **Widerstand** erfährt es, weil die meisten Menschen sich lieber auf Bekanntes, Vertrautes zurückziehen, als sich mit Neuem zu befassen. Natürlich sind die Zuseher von ALPHA, wie auch die Leser/innen dieses Buches, dazu bereit, deshalb sind Sie ja gerade an ALPHA interessiert!

Wenn wir erst einmal beginnen, die Geburt, die Entwicklung und die (teilweise aufsehenerregenden) Weitergabe-Raten von Memen bewußt zu beobachten, dann kommen wir aus dem Staunen nicht mehr heraus. Richard DAWKINS lieferte uns 1996 (in seinem Vortrag auf der *ars electronica* in Linz) ein hervorragendes **Beispiel**:

Bis 1986 wurden **Baseballmützen** vorwiegend von Baseballspielern getragen (vgl. Marginalie), auch in ihrer Freizeit, und fast immer „richtig herum“ (also mit dem Schirm nach vorne). **Innerhalb von zehn Jahren** (1986–1996), so DAWKINS, hat sich jedoch ein neues (Verhaltens)Mem durchgesetzt, denn ab jetzt trägt man Baseballkappen immer häufiger „falsch herum“, und zwar unabhängig davon, ob man selbst überhaupt Baseball spielt.

Wenn Sie sich zurückerinnern, dann können Sie dies nachvollziehen. „Verkehrte“ Baseballkappen sah man **früher** in der Tat extrem selten; ich erinnere mich z.B. an ein Tennis-Match in Australien, in dem ein Tennisspieler mit einer „verkehrt herum“ aufgesetzten Baseballkappe seinen Nacken vor der Sonne schützen wollte. **Heute** aber sehen wir dies allerorten, wobei das Fernsehen uns dieses Mem weltweit mitverfolgen läßt: so beobachtete ich inzwischen Jugendliche in China bei der Landarbeit, junge Japaner in der Disco, afrikanische Teenager in der Sahelzone und jede Menge junge Mitspieler/innen amerikanischer Soaps oder Sitcoms. Meiner derzeitigen Schätzung zufolge tragen bereits mehr als 50% (der unter 30jährigen!) ihre Baseballkappen „verkehrt“ herum, wobei der Begriff „verkehrt“ bei diesem Verbreitungsgrad bereits nicht mehr zutrifft!

Baseball ist eine der beliebtesten Sportarten in Amerika. Wenn DAWKINS also von Baseballspielern spricht, dann meint er damit auch Millionen von normalen Bürgern, die zuhause vor allem das Fangen und das Schlagen trainieren …

Somit ist die Baseballkappe ein gutes Beispiel für ein Verhaltens-Mem, das sich innerhalb von zehn Jahren über den gesamten Globus verbreitet hat (**wie ein Lauffeuer**). Dieses rasante Wachstum ähnelt der exponentiellen Verbrei-

Bitte beachten Sie, daß es sich im Deutschen eingebürgert hat, beim Virus im biologischen Sinne ***das*** (Virus) zu sagen, beim Computer-Virus hingegen ***der*** (Virus). Bei dem neuesten Begriff des Gedanken-Virus gibt es noch keine Regelung; Sie werden also beiden Formen begegnen.

tungsrate einer Epidemie, weshalb Richard DAWKINS (und andere) inzwischen begonnen haben, Meme mit (Gedanken- oder Geistes-) ***Viren*** zu vergleichen.

Wenn wir von *Viren* sprechen, ist (in der Regel) die erste Assoziation negativ. **Gedanken-Viren jedoch können sowohl positiv als auch negativ sein,** wobei diese Be- oder Ver-URTEIL-ung immer unserem Wert-System entspringt (wir kommen hierauf zurück). Beginnen wir uns den Begriff *Viren* anzusehen, indem wir ein **KaWa**© anlegen (vgl. **KaWa**©-Beitrag, S. 117 ff.):

Beginnen wir mit der Frage: **Was ist ein Virus in Wirklichkeit?** und sehen wir uns eine Reihe

höchst interessanter Teil-Antworten an, die zu einem neuem Verständnis führen können.

Zunächst einmal ist ein Virus ein **V**ehikel (vergleichbar mit einem Auto) für eine **I**dee oder eine **I**nformation. Also enthält ein Virus einen spezifischen **I**nhalt (z.B. eine bestimmte Art von Grippe), den er in den Organismus hinein transportieren „will". Landet diese Information dann glücklich in einem System, dann versucht sie es mit seiner Information zu infizieren; d.h., sie versucht **sich selbst zu replizieren** (= **kopieren!**).

Das Wissens-Netz ist Teil unserer Insel. Vgl. die Beiträge zu *Inneres Archiv*©, S. 77 ff. und *Insel-Modell – Können wir die Brücke bauen?*, S. 100 f.

Deswegen nennen Biologen das Virus einen **Re**plikator. Gelingt es ihm, dann ist es ein erfolgreicher Replikator.

Die nächste Frage, die wir uns stellen wollen, lautet: Findet die (im Virus enthaltene) Information **Eingang** in das System? Hierzu möchte ich an eines meiner „alten" Denk-Modelle erinnern, nämlich an das Wissens-**Netz** (vgl. mein Taschenbuch *Der Birkenbihl Power-Tag*). Wenn Sie sich **alles,** was Sie jemals gelernt haben (Ideen, Handlungen, Verfahrensweisen, Meinungen), als ein gigantisches Wissens-**Netz** vorstellen, dann leuchtet Ihnen die Analogie schnell ein: So wie biologische Viren nur an bestimmten „Andock-Stellen" des Organismus aufgenommen werden können, so müssen auch Gedanken-Viren **Andock-Stellen** im Wissens-**Netz** eines Geistes **finden**. Gelingt es ihnen, dann **finden** sie (im Wortsinn) **Eingang ins Netz und in diesen Geist** (d.h. in seine Gedankenwelt)!

Je dichter unsere Fäden zu einem Wissensgebiet sind, desto mehr Informationen dazu können wir aufnehmen, da uns die Prinzipien bereits geläufig sind.

Beispiel: Ein Briefmarkensammler betrachtet eine neue Briefmarke und sieht in einer halben Sekunde mehr als ein Nicht-Briefmarkensammler in zehn Minuten. Der Briefmarkensammler hat nämlich bereits zahlreiche Fäden im Netz, an welche die neuen (in dieser Marke enthaltenen) Infos **andocken** können. Der Nicht-Sammler hingegen hat hierzu noch keine Fäden (**Andock-Stellen**) im Netz, deshalb „fliegt" die Info ja auch prompt an seinem Wissens-Netz vorbei ...

Es fällt uns sehr leicht, weitere Detailfäden (Zusatzinformationen) in vorhandene „Maschen" des Wissens-**Netzes** hinein zu „häkeln". Jeder Faden (jede Masche) wirkt wie ein **Attraktor** (= Anziehungs-Punkt) und zieht „verwandte Infos" **wie magisch** an. Ohne **Andock-Stellen** hingegen ist es extrem schwer, eine Info wahrzunehmen (von **merken** ganz zu schweigen). Beispiel: Haben wir in der Schule etwas **nicht kapiert**, dann können wir es uns auch **nicht merken**. Wir sagen dann gerne: „Ja, das ist alles so schwer" oder „Ich habe ein Gedächtnis wie ein Sieb" u.ä., d.h. wir suchen die Schuld für dieses Nicht-Merken bei uns, während wir in Wirklichkeit krampfhaft versuchen, etwas „festzuhalten", wozu es noch keine Fäden im Netz gibt. **Ohne Andockstelle (Attraktor) aber kann nichts „eingehakt" (angezogen) werden** ...

Mein Vater vertrat die Auffassung: *Es gibt keine trockene Theorie, nur trockene Theoretiker, als da sind Professoren, Dozenten, Lehrer, Chefs, Kundenberater, Eltern usw.* Dem stimme ich voll zu, wiewohl diese Haltung bei Wissensvermittlern nicht sehr populär ist. Sie erlaubt es nämlich nicht länger,

Auch GOETHE stellte bereits fest, daß Theorie trocken sei.

die Verantwortung (für das Begreifen als Voraussetzung für Lernen) auf die Schultern der armen (dummen, de-motivierten etc.) Schüler abzuladen. Natürlich gibt es immer mal einzelne Schüler/innen, die partout nicht wollen, aber wenn **viele** Schüler/innen einer Klasse (Gruppe) die Erklärungen der Wissensvermittler/innen **nicht begreifen** und demzufolge auch **nicht lernen** können, dann liegt m.E. die Verantwortung bei den Lehrenden.

Viele Theoretiker entschuldigen sich gerne damit, die Theorie sei halt trocken.

Denken Sie daran, daß man gute Führungskräfte und Unternehmer/innen an ihrer **erhöhten Risiko-Bereitschaft** erkennt (im Gegensatz zum klassischen Beamtentypus, der jedes Risiko minimieren will).

Nun haben wir den Buchstaben des Begriffes *VIREN* eine Bedeutung gegeben, aber es fehlt noch ein wichtiges Element. Deshalb fügen wir dem „R“ einen weiteren Aspekt hinzu: Die **erste** R-Komponente war ja die **Replikation**, weil Viren ihre Inhalte replizieren (also kopieren) wollen. Die **zweite** R-Komponente bei mir heißt ***Risiko***!

Spielshows im Fernsehen zeigen uns: Erhöht ein/e Kandidat/in **das Risiko**, dann erhöhen sich häufig **gleichzeitig** auch die Gewinnchancen! Also sehen wir die „Zweischneidigkeit“ von Risiken.

Im Gegensatz zu *Gefahr* weist uns das Wort *Risiko* auf eine **potenzielle** (mögliche) Gefahr hin. **Gleichzeitig** bergen viele Risiken jedoch **erhöhte Chancen**! Demzufolge bedeutet *Risiko* im Zusammenhang mit Gedanken-Viren Gefahr **und** Chance!

Solange wir uns jedoch von der gebräuchlichen Bedeutung des Wortes *VIRUS* ablenken lassen, solange also das **alte Mem** (Virus = schlimm) unser Denken regiert, solange kann es uns schwerfallen, an einem Gedanken-Virus etwas **potenziell Positives** zu sehen. Wollen wir es trotzdem versuchen:

Ein **Tool** (= **Werkzeug**) kann z.B. ein Hammer sein. Ein **Gedanken-Tool** ist demzufolge ein **Denk-Werkzeug**, wie z.B. die Technik des logischen Schließens oder die Fähigkeit, analog zu denken (vgl. Abschnitt **K**a**W**a©, S. 117 ff.)

Der englische Psychologe Richard GREGORI stellte bereits vor Jahrzehnten, als er über die Benutzung von Werkzeugen nachdachte, fest, daß jedes **TOOL** (vgl. dazu auch die Marginalie) ein gewisses Maß an Intelligenz erfordert: „Der Mensch hat nicht nur die Intelligenz, die wir kennen, von der wir (normalerweise) sprechen, sondern er hat auch eine **pozentielle** Intelligenz – also eine Intelligenz, die erst angezapft werden muß, die derzeit noch nicht aktualisiert und aktiviert wurde.“

Die Frage lautet also: **Ist die notwendige Intelligenz vorhanden, um ein Tool zu benutzen?** Ein anderer Forscher, Daniel DENNET, stellt fest, daß diese Frage nur den halben Sachverhalt betreffe, denn: Wenn wir ein Tool benutzen können, dann bereichert eben die Benutzung **dieses Werkzeuges** unser Denken, somit erweitern sich unsere Möglichkeiten und unsere Intelligenz, **weil** wir es benutzen! Also **fördert** das Tool unsere Intelligenz und aktiviert einen größeren Anteil unserer **potenziellen** Intelligenz (nach GREGORI).

Andere Affengruppen benutzen zum Ameisenfangen nur ihre Finger. Diese müssen viele Male in die Löcher greifen, während die Werkzeug-Nutzer wesentlich rationeller vorgehen …

Manche Affengruppen **benutzen** Werkzeuge, z.B. um Ameisen aus ihren Löchern zu fischen. Einige nehmen herumliegende Stöcke. Das heißt, sie haben die hierfür notwendige Intelligenz bereits entwickelt, es fehlt ihnen aber noch die nächste Stufe **der** Affengruppen, die sich ihr Tool bereits selber machen, indem sie Zweige von Blättern befreien, um sie alsdann zum Ameisen-Angeln zu verwenden.

Haben wir z.B. gelernt, daß wir mit dem **Hammer** einen **Nagel** einschlagen können, dann dauert es nicht mehr allzu lange und wir setzen einen **Meißel** an und machen eine **Skulptur** – was bei den ersten Versuchen mit Hammer und Nagel nicht abzusehen gewesen war. Und gerade hierin liegen die faszinierenden gewaltigen Chancen von Memen als geistige Tools: in ihren schier unendlichen Möglichkeiten, uns zu helfen, völlig **neue Ideen-Verbindungen** und **Gedankengänge** herzustellen.

In diesem Zusammenhang wollen wir uns an die kleine Aufgabe am Anfang dieses Beitrags erinnern:

Wahrscheinlich haben Sie die ungeraden Punkte (Nr. 1, 3, 5, 7 und 9) als (vorwiegend) *genetisch bestimmt* eingeordnet, den geraden Nummern hingegen den *Faktor X* zugewiesen? Nun stellen Sie sich bitte folgende Frage: Gibt es einen **gemeinsamen Nenner** zwischen diesen fünf Faktoren? Können wir finden, was Gregory BATESON so schön ***Das Muster, das verbindet*** nannte?

Vgl. Sie dazu S. 131 f.

- Ihr **Weltbild,**
- Ihre **politische Einstellung,**
- Ihre **religiöse Überzeugung,**
- alle Ihre **Meinungen,**
- alle **Gewißheiten.**

Sie ahnen es: Das **verbindende Muster** ist das **Mem**! Wollen wir nun kurz zusammenfassen, ehe wir weiterdenken:

Viren des Geistes sind immer **Vehikel** für Ideen (als Vehikel dient z.B. ein Buch, ein Zeitungsartikel, ein Film, eine Fernsehveranstaltung, ein Vortrag oder ein Gespräch mit unserem Nachbarn am Gartenzaun). Als nächstes haben wir die **Idee** oder **Information**, die **enthalten** sein muß, welche **repliziert** (kopiert) wird. Nun fragen wir, ob dieses Mem **Eingang** findet in unser (Wissens-)**Netz**, wobei dieser Gedanken-Virus (oder das Mem) ein **Risiko** darstellt:

Einige Meme sind großartige **Power-Tools für den Geist**, die **unsere Intelligenz sowohl fordern als auch fördern** und uns zu völlig neuen Ein-SICHT-en verhelfen können. Andere jedoch sind **„Viren"** im früheren (negativen) Wortsinn, weil sie unser Denken dramatisch ver-**ENG**-en (bis hin zum blinden Fanatismus).

Deshalb stellt sich die Frage: „Was ist ein gutes Mem?" Anhand meiner **Checkliste** (s. Seite 148 ff.) können wir entscheiden, ob ein spezifisches Mem eher „gut" oder „schlecht" **für uns** ist. Allgemein jedoch gilt: Sagen wir, die Idee des Faschismus (Kommunismus, Kapitalismus usw.) sei ein **böses** (falsches, schlechtes) **Mem**, die Idee der Demokratie jedoch ein „gutes Mem", also ein hilfreiches **Denk-Tool**, das die Entwicklung der Gesellschaft und/oder des Einzelnen verbessert, dann fällen wir ein **Werturteil**. Sagen wir, wir fänden das Verhaltens-Mem In-Line-Skating ok, *solange* die Inline-Skater/innen nicht in Rudeln mit hohem Tempo über die Gehsteige rasen und junge Mütter, Kleinkinder oder Senioren gefährden – dann ist auch dies ein Werturteil. Dasselbe gilt für **jede Meinung**, die Ihnen lieb und **wert** ist! Es sind immer WERT-Urteile, wobei selbst die Werte, die **hinter** Ihren Be- oder Verurteilungen stehen, ebenfalls Meme sind …

Je mehr Personen von einem Mem infiziert sind, desto schwerer wird es für den einzelnen, sich dem zu entziehen.

Solange wir nichts von Memetik wußten, war uns vielleicht nicht klar, daß wir Menschen als Mem-Träger (Mem-Überträger) von gewissen Gedanken „angesteckt" werden können, oft bereits so früh in Kindheit und Jugend, daß wir diese **Grund-Meme** nie bewußt durchdacht haben. Deshalb halten wir sie für **a prioris** (im Kant'schen Sinne) und nennen sie gerne „naturgegeben“, „natürlich“, „sonnenklar“, „logisch“ oder „selbstverständlich“. Deshalb verunsichert uns jeder Versuch, diese Basis-Meme in Frage zu stellen. Fragen Sie sich bitte:

Wann haben Sie zum letzten Mal darüber nachgedacht, ob es wirklich sinnvoll ist, das Ablassen von Gasen (via Mund oder After) zu verbieten, während wir mit einem Baby sofort zum Arzt rasen, wenn es kein „Bäuerchen“ macht, weil wir wissen, wie gesundheitsschädlich diese Gase sein können?

Sicherlich fallen Ihnen bei kurzem Nachdenken noch eine Vielzahl weiterer Beispiele ein.

Oder wann haben Sie sich zuletzt gefragt, wie intelligent es eigentlich ist, Fehler (in der Schule) mit roter Farbe anzustreichen, während wir Erwachsene uns in Texten genau diejenigen Stellen farbig markieren, die wir uns besonders gut merken wollen?

Oder wann haben Sie zuletzt darüber reflektiert, warum es „moralisch“ nicht vertretbar sein soll, daß Prostituierte ihr Gewerbe als ein solches betrachten dürfen (es geht um Krankenkassen, Versicherungen und Steuerbeiträge)? **Falls** Sie dieser Gedanke entrüstet, weil Sie es für **tugendhaft** halten, abertausende von Betroffenen nicht ins soziale Netz einzubinden, dann könnten Sie überlegen:

1. Sie wurden mit einem Anti-Prostitutions-Mem „infiziert“, welches Sie **zwingt**, diese Personen abzulehnen (auszugrenzen, zu verurteilen).

2. Früher haben (nicht nur in Europa) **Priesterinnen** im Tempel diese Tätigkeit verrichtet; damals „grassierte" nämlich das Mem von der „Anständigkeit" dieser Arbeit, deshalb wurden die Damen auch „anständig" ausgebildet. Sie wußten mehr über Körper und Sinne als viele Ärzte heute, denn sie waren meist auch Heilerinnen (z.B. in den griechischen Tempeln des HIPPOKRATES, dessen Eid die Mediziner heute noch ablegen).
3. Auch in **anderen Kulturen** wurden die Ausübenden jenes Gewerbes jahrtausendelang professionell zu großen Künstlerinnen ihres Fachs ausgebildet und **hoch verehrt** (Indien, China, Japan). Erst mit der judäisch-christlichen Tradition (die später auch den Islam „angesteckt" hat) entstand die brutale Verurteilung von sinnlichen Freuden.
4. Falls Ihnen meine Argumente „unmoralisch" erscheinen, bedenken Sie bitte, daß auch die **Forderung** nach (dieser Art von) **Moral** ein **Mem** ist! Denn *Moral* meint immer die **geltenden** moralischen Forderungen, d.h. einen bestimmten **Mem-Pool** einer bestimmten (Sub-)Kultur.

Im allgemeinen können wir sagen: Wenn Sie und ein Mitmensch eine Meinung teilen (d.h. erfolgreich **vom selben Mem angesteckt wurden**), dann neigen Sie dazu, diesen Standpunkt (d.h. Ihr **gemeinsames Mem**) für *gut, richtig, vernünftig* und ähnlich zu halten; andernfalls sieht ein Mitmensch, der dieses Mem nicht „trägt", die Sache natürlich falsch, zu eng, aus der falschen Perspektive usw.

Bevor wir zum letzten Punkt gelangen, möchte ich Sie noch einmal zu einer kleinen Denk-Aufgabe einladen: **Denken Sie bitte an einige Situationen Ihres Lebens, als irgendwelche Menschen Sie unbedingt von irgend etwas überzeugen wollten und notieren Sie Stichworte hierzu:**

Oft ist es schwierig, die notwendige Toleranz zu bekommen, wenn man mit seiner Meinung von gültigen Wertvorstellungen – also Memen – abweicht.

Betrachten wir nun Leute etwas genauer, die wir als ***Missionare****[*] bezeichnen wollen. Ob sie uns eine politische Überzeugung (wie den Kommunismus) „verkaufen" wollen, oder ein Finanzprodukt (Gold als Anlageform) spielt dabei überhaupt keine Rolle. Allen „Missionaren" gemeinsam ist: Sie **glauben** gewisse Dinge und sie wollen andere (manchmal die ganze Welt!) unbedingt davon überzeugen!

Solche „Missionare" sind oft gefährlich. Sie sind so von ihrer Meinung überzeugt, dass man mit Argumenten oft nicht mehr weiterkommt.

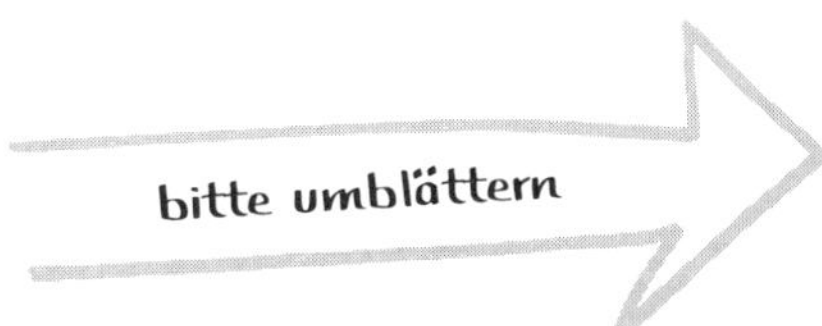

* Der Begriff „Missionar" steht hier als Metapher und bezieht sich nicht unbedingt auf religiöse Inhalte.

Checkliste

Wir wollen anhand der nachfolgenden Gedanken eine Checkliste entwickeln, die uns später helfen kann, den **Risiko-Charakter** bestimmter Meme (bei uns und anderen) schnell und sicher zu erkennen.

START

1. Missionare halten ihren Glauben immer für **gut, richtig** und **wahr.**
2. Sie halten diesen Glauben für eine echte **Tugend.**

Dieser Faktor aber hat mehr Leid in die Welt gebracht, als alle Krankheiten zusammengenommen. Die Annahme, die eigene Überzeugung (das eigene Mem) sei eine **Tugend, impliziert**: Wir als (bereits) Gläubige gehören zu den Tugendhaften (wenn nicht gar **Auserwählten** dieser Welt), während diejenigen, die wir überreden oder missionieren wollen, logischerweise als (noch) *nicht (so) tugendhaft* angesehen werden können (weshalb wir sie ja überzeugen müssen!). Also **erscheinen** die Gesprächspartner den typischen Missionaren (und Missionarinnen) automatisch als „minderwertig", zumindest solange sie darauf bestehen, stur an ihrem Un-Glauben festzuhalten!!

Ist Ihnen klar, was das bedeutet, wenn z.B. „demütige Christen" sogenannte arme „primitive Heiden" missionieren …?

Denken Sie jetzt bitte an die eben notierten Missionars-Situationen Ihres Lebens zurück und beantworten Sie die folgenden Fragen (optimal schriftlich):

Wer war der „Missionar“ oder die „Missionarin“? ______________________________

____

Um welchen **Glaubensinhalt** (also um welches **Mem**) ging es? ______________________________

____

Wie stur (intolerant) wischte Ihr/e Gesprächspartner/in Ihre Fragen oder Einwände vom Tisch? ______________________________

____

Im normalen Alltag sind es heutzutage seltener **religiöse** Glaubensfragen, aber gerade solche können erbitterte Feindschaften auslösen, die oft ein Leben lang andauern. Deshalb sollte uns folgendes klar sein:

Ob wir ein **Glaubens-Mem** verteidigen, das einen religiösen Glauben beinhaltet (jungfräuliche Zeugung von Jesus), oder ob wir unseren Glauben für wissenschaftlich halten (die einst flache Erde!), ist für die jeweilige Debatte unerheblich.

Jedes **Mem** kann in eine der drei Kategorien – **Wissen, Glauben** oder **„Aberglauben“** – eingeordnet werden, allerdings werden unterschiedliche Mem-Wirte diese Zuordnungen auch unterschiedlich vornehmen, wobei die meisten Menschen die **eigene Zuordnung** für die einzig mögliche halten!

Die **Checkliste**, die wir derzeit Schritt-für-Schritt entfalten, kann uns helfen festzustellen, inwieweit unser Glaube „viralen“ (im Sinne von ver-ENG-enden) Charakter haben mag – in welchem Fall wir rationalen Argumenten nicht mehr zugänglich sind, egal, ob wir als Wissenschaftler Angst vor paranormalen Erscheinungen (oder den Erlebnissen der Nah-Todes-Erfahrung) haben, oder ob wir als Katholik an dem Verbot jeder Geburtenkontrolle festhalten …

Merke: **Immer, wenn wir glauben, wir hätten den einzigen wahren Glauben gepachtet, wird die Sache dramatisch, denn jetzt können wir (fast) nur noch mit Gleichgesinnten sprechen.**
Dies bringt uns zum 3. und 4. Punkt unserer Checkliste:

3. Ist das zentrale Thema des Glaubens **tabu**, dann werden **sämtliche** (interessierte und aktiv mitdenkende) **Fragen** derer, die man missionieren will, **sofort abgeblockt** und mit einem „Das weiß man doch", „Das ist halt so", „Das mußt du halt glauben" oder ähnlich abgeschmettert.
4. Der Grad der **Intoleranz und Sturheit** ist ein guter **Gradmesser** für einen (Gedanken-) **Viralen Infekt**: **Gedanken-Viren** ver-ENG-en das Denken!

Zwar bescheinigt uns unsere Verfassung das Recht auf freie Meinungs-Äußerung, aber natürlich bedeutet das nicht, daß uns irgend jemand **zuhören** oder unsere Worte gar ernsthaft **überdenken** muß, der von einem gegnerischen Mem infiziert ist …

Damit sehen wir eine sture Art von Glauben im Gegensatz zu einer Gewißheit, die durch eine rationale Einsicht, eine religiöse Offenbarung oder ein wissenschaftliches Aha-Erlebnis gewonnen wurde. Über **solche** Gewißheiten kann man nachdenken und sprechen. Man kann auf Ideen, Forschungsergebnisse, Einwände, Fragen und Argumente anderer eingehen.

Sie führen von Rechthaberei und Besserwisserei über akute Intoleranz bis zum totalen Krieg gegen Andersdenkende, denn sie verschließen das Denken gegenüber neuen Ideen, Fragen und Einwänden.

Und genau das ist der Knackpunkt: Wenn wir wieder einmal jemanden unbedingt von unserem Standpunkt (d.h. von einem unserer Meme) überzeugen wollen, dann denken wir vielleicht daran:

Blindes Überreden (oder „Motivieren"!) gleicht dem penetranten Missionieren angeblich minderwertiger („heidnischer" oder „ketzerischer") Gesprächspartner, auf deren Fragen, Sorgen oder Bedürfnisse man als „Missionar/in" selbstverständlich nicht eingeht!

Wir möchten vielleicht immer wieder daran denken, was diese Art der Missionierung in der Welt angerichtet hat: So ein „Missionar" …

- ❒ **zerstört jede Kultur**, auf die er stößt, weil er seine für besser hält.
- ❒ **etikettiert** die Götter anderer Völker als (nicht adäquate) „Götzen".
- ❒ **kennt nur seine Überzeugung** (eigene Meme), weil er ja als Besitzer der „reinen Lehre" (höchsten Wahrheit, absoluten Wissenschaftlichkeit usw.) nicht weiter suchen muß.
- ❒ **verurteilt alle, die seine Meme nicht teilen** und nennt sie z.B. **kriminell** (Scharlatan) oder **krank** – in beiden Fällen gehören sie aus der Gesellschaft ausgestoßen (oder eingesperrt).
- ❒ **zwingt der Welt sogar Meme von Freiheit und Menschenwürde auf** (notfalls per Krieg!).

Die typischen Kennzeichen eines „Missionars" im Sinne dieser Diskussion (vgl. S. 147) finden Sie hier aufgelistet.

Zusammenfassung der CHECKLISTE

Wenn Sie testen wollen, ob Sie Gefahr laufen, zum „Missionar“ zu werden, dann gehen Sie folgende Checkliste durch und fragen sich: Ist „es“ ein **Gedanken-Virus (im negativen Sinn)?**

❐ Ja	❐ Nein	1. Halte ich meinen Glauben für ***gut, richtig*** und ***wahr*?**
❐ Ja	❐ Nein	2. Halte ich meinen Glauben für eine **Tugend**?
❐ Ja	❐ Nein	3. Ist das zentrale Thema meines Glaubens für andere **tabu**?
❐ Ja	❐ Nein	4. Bin ich Argumenten gegenüber **intolerant** und **stur**?

Einmal JA (bei Frage Nr. 1) ist zu erwarten! Aber jedes weitere JA sollte Sie nachdenklich stimmen.

Müssen Sie noch zwei- oder gar dreimal JA sagen, besteht akute Virus-Gefahr!

Peinlich?
Oder: Der Umgang mit Kritik

Die meisten von uns fürchten Kritik oder Angriffe auf unsere Meinung. Wir meinen oft, der Angreifer bringe de facto zum Ausdruck: *Mein Verhalten (oder meine Meinung) ist besser als deine!* Das heißt, daß negative Reaktionen uns sehr leicht verunsichern können. Und umgekehrt: Jede positive Reaktion zeigt uns, daß wir ok sind.

Allerdings sollten wir überlegen: Wenn es uns so wichtig ist, was der Mensch jetzt von uns denkt, dann geben wir ihm eine Menge Macht über uns. Und je mehr der andere merkt, daß wir von seinem Urteil abhängen, desto mehr kann er diese Macht auch mißbrauchen!

Es gibt jedoch einen wunderbaren Ausweg aus dem Dilemma. Und zwar in Form der in diesem Beitrag vorgestellten Strategie. Sie bietet Ihnen eine Hilfestellung für den konkreten Moment, in dem jemand Sie kritisiert oder angreift und sie bewirkt (quasi beiläufig), daß Sie solche Angriffe langfristig dramatisch reduzieren können.

Die Grundlage der Strategie ist Ihre eigene Einstellung gegenüber sogenannten Mißerfolgen.

- Wie reagieren Sie, wenn **Sie** einen Fehler machen?
- Wie reagieren Sie, wenn **andere** einen Fehler machen?
- Wie reagieren Sie, wenn **Ihnen** eine Panne passiert?

Meine Seminar-Teilnehmer/innen deuten jetzt oft an, daß es ihnen peinlich ist. (Vor allem,

wenn andere es merken!) Warum? Weil wir ein **Anti-Fehler-Mem** im Kopf spazierentragen: „Fehler sind schlecht!“ („Pannen müssen vermieden werden!“/“Mißerfolge sind negativ!“)

Vgl. den Beitrag *Meme – Chancen und Gefahren,* S. 131 ff.

Stellen Sie sich einen Dreijährigen vor. Er versucht etwas, es mißlingt; **er stutzt**, er studiert die Sache mit großem Interesse, er versucht es wieder und wieder – bis er es schafft (bzw. bis die Mutti ihn aus seiner faszinierenden Forscher-Tätigkeit herausreißt)! Er weiß (und er lebt die Weisheit noch), **daß man durch Fehler unglaublich viel lernen kann!** Aber nur, wenn wir mit einem neugierigen **„Nanu?!“** reagieren können! Wenn uns der Fehler nachdenklich stimmt. Wenn wir ihn analysieren! Wenn wir eine Lehre aus ihm ziehen.

Und wie reagiert ein Neunjähriger, wenn **ihm** eine Panne unterläuft? Er schaut sich verstohlen um, ob es jemand gesehen hat! **Denn er hat bereits gelernt, seinen Fehlern mit negativen Gefühlen zu begegnen.** Er fürchtet bereits die Reaktion anderer! **Für ihn bedeutet ein Fehler bereits „das Ende einer mißglückten Handlung“.** Er ist bereits mit dem Anti-Fehler-Mem „infiziert“.

Ab jetzt sind seine Energien vor allem auf Fluchtmanöver gerichtet. Mal sucht er Schuldige, die er jetzt angreifen kann (nach dem Motto „Angriff ist die beste Verteidigung!“), mal bastelt er sich (teilweise recht aufwendige) Rechtfertigungen, weil er im nachhinein *Recht (an-)fertigen* will.

Rechtfertigung = *im Nachhinein Recht anfertigen.*

Wobei Ron Smothermon (siehe Literaturverzeichnis) darauf hinweist, wie lähmend eine gute Rechtfertigung ist, denn sie bietet uns in alle Zukunft eine Ausflucht, weil wir ja dann in der Zukunft die Rechtfertigung schon im Vorhinein besitzen. Wenn Sie sich z.B. einmal entschlossen haben, Sie hätten absolut kein Talent, Sprachen zu lernen, dann brauchen Sie es den Rest Ihres Lebens nie mehr zu versuchen, denn Ihre Rechtfertigung schützt Sie davor. Glauben Sie wirklich allen Ernstes, der liebe Gott hätte alle Leute mit Sprachentalent in die Benelux-Länder gejagt? (Da muß ein Nest sein …)

Kommen wir zurück zu einer Situation, in welcher uns ein Fehler unterläuft. Die Reaktion des (psychologisch) Erfolgreichen kann wie folgt beschrieben werden: Wenn eine Panne passiert, dann reagiert er/sie neugierig mit einem erstaunten „Nanu?“. Jetzt will er/sie es wissen. Jetzt kann man etwas lernen, auf daß man **denselben Fehler später nicht laufend wiederholen** muß.

Wenn wir zurückdenken, dann erinnern wir uns in der Regel daran, wie wir mit dem Anti-Fehler-Mem infiziert wurden. Denken Sie nur an die Schule! Da wird **jeder Fehler rot angestrichen**. (Erwachsene markieren das, was sie sich gut merken wollen, farbig und wundern sich, wenn Schüler sich an den rot hervorgehobenen Fehler besonders gut erinnern, sprich, ihn morgen wiederholen.) Jedenfalls werden **Fehler** in

In anderen Ländern zählt man, wieviel die Schüler/innen **richtig** wußten! Aber bei uns werden die Fehler gezählt und dann auch noch bestraft (schlecht benotet)! Da muß man ja (panische) Angst vor Fehlern entwickeln!

der Schule nicht nur rot angestrichen, sondern auch **gezählt** – der absolute Wahnsinn! Nun überlegen Sie einmal, wie absurd das ist.

Wir wollen

Erfolge **ohne** Mißerfolge und
Leistung **ohne** Fehler.
Das ist wie Tage **ohne** Nächte und
Berge **ohne** Täler!*

Das bringt uns zum Knackpunkt:

1. Wer Angst vor eigenen Fehlern hat, **kann zu wenig aus ihnen lernen**. Also beraubt man sich einer der besten Möglichkeiten, die das Leben uns bietet, nämlich lebenslanges Lernen, geistige Flexibilität usw.
2. Wer **eigenen** Fehlern gegenüber **intolerant** ist, wird **ähnlich intolerant** reagieren, wenn seine Mitmenschen einen Fehler machen!

Jetzt empfinden Sie bitte: Was fühlen Sie, **wenn man Sie kritisiert?** Und: Neigen Sie, öfter als Ihnen lieb sein sollte, zu relativ **vorschneller Kritik** an anderen …?

Einerseits leiden wir, wenn andere uns kritisieren, unsere Meinungen angreifen etc. Andererseits kritisieren wir bei anderen oft recht locker vom Hocker.

Wer das Anti-Fehler-Mem nämlich verinnerlicht hat, wird erstens Schuldgefühle empfinden, wenn **ihm** ein Fehler unterläuft („Ach, bin ich

---

* Quelle: Vera F. Birkenbihl: *Erfolgstraining*, 12. Aufl., mvg-verlag, 2001

wieder blöd gewesen!“), und er reagiert zweitens sauer, wenn **andere** einen Fehler machen. („Was hast du dir eigentlich dabei gedacht??!“)

Wenn uns das einleuchtet, dann werden Sie die folgende Strategie begrüßen, **wenn andere Sie kritisieren** oder angreifen! Sie erfordert **zwei unabhängige Denk-Schritte**:

1. **im Vorfeld** (Vorbereitung) und
2. **in dem Augenblick,** da jemand uns gerade kritisiert hat.

Schritt 1: Es geht um Ihre innere Einstellung. Wenn Ihnen klar wird, daß Fehler genau so notwendig für Wachstumsprozesse und Ihre Entwicklung sind, und wenn Sie begreifen, daß manche Entwicklungen erst nach 100.000 Fehlschlägen einen Erfolg zeitigten (wie die berühmte Glühbirne, bzw. der Faden in der Lampe, von Thomas Alpha EDISON), dann können Sie relativ schnell **lernen, innerlich zu Ihren Fehlern JA zu sagen!**

Schritt 2: Wenn Sie bereit sind, aus Ihren Fehlern zu lernen, dann werden Sie bei einem Angriff anders verfahren als früher. Sie werden nämlich **dezidiert nachfragen**, was der andere genau meint; **welche Verbesserungsvorschläge er anzubieten habe**, etc.

Wobei es relativ gleichgültig ist, ob wir unseren Unmut laut und deutlich zur Sprache bringen, oder ob wir nur kritisch schauen. Das sind **Nuancen**; die Botschaft ist immer dieselbe.

Falls der andere „nur so rummeckert“, wird ihm das peinlich sein! Mit dieser Strategie bekommen wir also die chronischen Nörgler in unserer Umgebung ganz nebenbei in den Griff, weil diese nämlich bald merken, daß wir es in Zukunft immer ganz genau wissen wollen!

Falls der Mensch nicht „nur so“ herumgemeckert hat, dann lernen wir möglicherweise tatsächlich etwas, **wenn** er auf unsere Rückfrage etwas anzubieten hat, was uns weiterbringen kann. Somit schlagen wir drei Fliegen mit einer Klappe:

Erstens könnte es sein, daß wir von der Kritik profitieren, bzw. daß wir, weil wir bei einer Kritik (oder einem Angriff) nachgefragt haben, wirklich etwas hinzulernen. Das wäre also **ein** Vorteil.

Zweitens ist jede interessierte Frage an den anderen immer eine Streicheleinheit für sein Selbstwertgefühl. Zeigt sie doch, daß wir ihn ernst nehmen, daß wir ihn respektieren, daß wir von ihm lernen können etc. Also psychologisch ein großer Vorteil! Insbesondere in einem Augenblick, da er uns kritisiert, d.h., wenn er eher Ablehnung von uns erwarten würde.

Drittens entlarven wir die Meckerer, die prinzipiell herummeckern. Das ist die Sahne auf der Torte! Fällt Ihnen nicht auch die eine oder andere Person ein, bei der Sie die Strategie sofort in Ihre tägliche Praxis umsetzen wollen?

Aber selbst wenn wir die „Sahne“ beiseite lassen, ist diese Strategie enorm konstruktiv! Wenn – und nur wenn – wir den Mut aufbringen. Denn es erfordert in der Regel ein wenig Training, bis wir es „glatt rüberbringen“ können!

Sagen Sie sich immer wieder: **„Ich stehe zu meinen Fehlern!“** oder: **„Ich lerne aus meinen Fehlern!“**, bis Sie in der Lage sind, **jeden Ihrer Fehler** als Lern-Chance anzusehen.

Vielleicht kennen Sie den Spruch: „Probleme sind zum Lösen da!" Ähnlich könnten wir sagen: **Fehler sind zum Lernen da!**

Wenn wir das erst einmal verinnerlichen, dann wird es leicht, **die Strategie des Nachfragens und Nachhakens** umzusetzen!

Fragen wir uns nun, wie wir reagieren, wenn **anderen** Fehler unterlaufen! Vielleicht könnten wir hier mit **Fragetechnik (statt Sagetechnik)** vorgehen? Lassen wir den anderen doch erst mal **erklären, warum** er es so und nicht anders gemacht hat? Vielleicht war der Gedanke dahinter gar nicht so falsch? Oft hat der andere sogar selbst eine bessere Idee, von der wir jedoch nichts erfahren, wenn wir nur herummeckern.

Selbst wenn jemand einen „Super-Bock geschossen" hat kann eine vorsichtige Frage weit erfolgreicher sein, als eine Aussage (oder gar ein Angriff).

Fallbeispiel: Man erzählt sich Folgendes von Andrew CARNEGIE, dem berühmten amerikanischen Stahlmagnaten der 30er Jahre (der als bettelarmer Einwandererjunge begann und später so viel Geld verdiente, daß er 365 Millionen Dollar für wohltätige Zwecke – insbesondere für Bildungsprojekte und Stadtbüchereien – spenden konnte):

Ein neuer Manager hatte – noch in der Probezeit – eine voreilige falsche Entscheidung getroffen, die die Firma ca. US $ 1 Million kostete. (Das bedeutet natürlich weit mehr Kaufkraft nach heutigen Maßstäben.)

Nun wird der neue Mann zu CARNEGIE geholt. Er setzt sich auf die vorderste Stuhlkante und sagt: *„Ich nehme an, Sie werden mich jetzt feuern …"* Darauf CARNEGIE: *„Aber wieso denn? Wir haben* *doch gerade eine Million Dollar in Ihre Ausbildung investiert!"*

Sie können Gift darauf nehmen, daß diesem Manager in seinem Leben kein vergleichbarer Fehler unterlaufen würde. Des weiteren wird der Schaden ja nicht rückwirkend behoben, wenn wir ihn in die Pfanne hauen. Aber mit dieser Strategie CARNEGIES entwickelt dieser Manager sich zu einem der loyalsten Mitarbeiter ...

Das ist ein Paradebeispiel der hohen Kunst, mit Fehlern anderer umzugehen. Was bringt es, den anderen mit Schimpfen erst ins „Reptilien-Gehirn" zu jagen? Entweder ist es ihm peinlich genug, weil er ja in der Regel ein Anti-Fehler-Mem hat. Oder aber es ist ihm noch gar nicht klargeworden, **daß** wir etwas falsch finden. Dann ist ein Frontal-Angriff strategisch besonders unklug ...

Denken Sie auch an die **Nebenwirkungen** dieser Strategie, d.h. die positiven Auswirkungen auf das **Selbstwertgefühl aller Beteiligten**: unser eigenes wie auch das der anderen! Wenn wir andere in Zukunft selten/er in die Pfanne hauen, dann erhalten wir von unserer Umwelt ebenfalls mehr positive Signale. Es klingt so simpel, stimmt aber doch:

Wie man in den Wald hineinruft (schimpft, lobt, sachlich klärt, interessiert fragt usw.) **so wird das Echo eben ausfallen**.

Ein Schluß-Tip von Mark McCORMACK

Mark McCORMACK gehört zu den erfolgreichsten Menschen unseres Jahrhunderts. Aus einfachsten Verhältnissen kommend ist er der Self-Made-Mann, der den amerikanischen Traum verwirklicht hat. Der Verfasser des Buches *Was man an der Harvard-University nicht lernt* hatte **keine** akademische Ausbildung (seine **Schule** war **die Straße**) und wurde doch später Dozent an der Harvard-University. McCORMACK ist der Mann, der den Sport international zum „Ereignis“ gemacht hat. Seine Agentur vertritt viele große Stars (nicht mehr nur aus dem Sport). In einem **Interview** äußerte er eine Strategie, die uns sehr helfen kann, uns von dem Anti-Fehler-Virus zu heilen. Er sagte: Jede Führungskraft (und jede/r, der das eigene Leben bewußt führt, ist Führungskraft) sollte täglich mindestens einmal folgende drei Dinge sagen:

Vgl. den Beitrag *Arbeitslos,* S. 14 ff.

1. Da habe ich Mist gebaut.

2. Das weiß ich nicht.

3. Bitte helfen Sie mir! (Hilf mir!)

Diese Strategie wirkt sich außerordentlich günstig auf Ihr **Selbstwertgefühl** aus und verbessert darüber hinaus Ihre **Kommunikation** dramatisch. Jedesmal, wenn Sie einen der drei Tips von McCORMACK praktizieren, sind Sie „im Training“ auf dem Weg zu „weniger Frosch, mehr Adler“. Jedesmal, wenn es Ihnen gelingt, sind Sie wieder ein klein wenig mehr Adler geworden …

Vgl. den Beitrag *Frosch oder Adler?,* S. 65 ff.

Ratgeber, teuerster der Welt!
Exklusiv und kostenlos für Sie

Bitte beantworten Sie diese Frage so ehrlich wie möglich, ehe Sie weiterlesen: **Erleben Sie „zu viel“ Streß?** Im Klartext: Gibt es **zuviele Tätigkeiten**, die Sie ausführen „**müssen**“?

( ) Ja, definitiv!

( ) Nicht immer, aber oft.

( ) Selten

Diese Idee löste einiges an Echo aus, als ich sie in einer ALPHA-Sendung, zwangsläufig nur in extrem kurzer Form, geäußert hatte. Es freut mich deshalb sehr, Ihnen hier einen meiner Kolumnen-Beiträge anzubieten, der es Ihnen erlaubt, den Gedanken in aller Ruhe (noch einmal) nachzuvollziehen.

Stellen Sie sich vor, Sie könnten den teuersten Ratgeber der Welt befragen, und zwar wann immer Sie wollen, Tag und Nacht, egal, wo Sie sich gerade befinden.

Würden Sie gerne mit diesem exzellenten Ratgeber Kontakt aufnehmen? Glauben Sie, daß Sie ihn regelmäßig zu Rate ziehen würden – wenn Sie könnten? Oder fragen Sie sich jetzt, wieso der teuerste Ratgeber der Welt kostenlos für Sie arbeiten sollte? Nun, es ist so:

Sie können tatsächlich den besten Ratgeber der Welt befragen, und er hilft Ihnen kostenlos. Er kümmert sich übrigens exklusiv um Sie – immer –, ob Sie ihn befragen oder nicht.

Er steht immer bereit, falls Sie ihn zu Rat ziehen wollen.

Allerdings „kostet“ Sie sein Rat schon etwas, jedoch kein Geld. Dieser Ratgeber fordert eine andere Gegenleistung von Ihnen, nämlich ein wenig Zivilcourage! Sie müssen sich ihm voll bewußt nähern, und das wollen die meisten Menschen nicht. Dieser Ratgeber ist unser eigener Tod (dessen Existenz wir normalerweise nicht wahrhaben wollen)! Unser Tod ist jedoch mit absoluter Sicherheit der beste Ratgeber unseres Lebens!

Aber nur, wenn Sie es wagen, ihn zu befragen! Oder, wie Carlos CASTANEDA uns durch Don Juan mitteilen läßt:

„(Er) ist der einzige weise Ratgeber, den wir haben. Immer wenn du, wie es bei dir meistens der Fall ist, das Gefühl hast, daß alles falsch läuft ..., dann wende dich an (ihn) und frage ihn ... (Er) wird dir sagen, daß nichts wirklich wichtig ist außer seiner Berührung ...“

In dem Buch *Die Lehren des Don Juan* beschreibt Carlos CASTANEDA den Tod als eine vogelähnliche Gestalt, die uns immer begleitet. Sie sitzt auf unserer linken Schulter, egal, ob wir auf sie achten oder nicht:

„Was du tun mußt, wenn du ungeduldig bist, ist dies: wende dich nach links und frage deinen Tod um Rat. Ungeheuer viel Belangloses fällt von dir ab, wenn dein Tod dir ein Zeichen gibt ...“

So verrückt dieser Gedanke vielen im ersten Ansatz erscheint, so verrückt (= weg-gerückt von der Norm) ist er auch. Es gibt nur wenige Menschen, die den Gedanken an den Tod ertragen können und noch weniger, die es regelmäßig wagen „den Tod zu befragen“. Der Gedanke an unser Ende ist natürlich eine wunderbare Hilfe, denn unser Tod relativiert alles!

Er hilft uns, unsere wahren Prioritäten zu definieren bzw. sie wieder ins Blickfeld zu bekommen, wenn wir uns zu lange mit den Nichtigkeiten des normalen Alltags aufgehalten haben.

Er lehrt uns Geduld unseren Mitmenschen gegenüber, die anders denken, fühlen oder handeln als wir.

Er hilft uns, zielstrebig auf die wirklich wichtigen Ziele zuzugehen, und er hält uns in schweren Zeiten bei der Stange.

Das Gegenteil gilt für Menschen, die den Tod rigoros zu verleugnen versuchen:

„(Wenn) du dich wie ein unsterbliches Wesen fühlst, das alle Zeit auf Erde hat und dementsprechend handelt … In solchen Momenten solltest du dich umdrehen … dann wirst du erkennen, daß dein Gefühl, Zeit zu haben, töricht ist. Auf dieser Erde gibt es keine Überlebenden.“

Falls Ihnen der Rat, den Tod zu „befragen“, zu abstrakt formuliert erscheint, können Sie die Aufgabe präzisieren:

Angenommen, Sie wüßten jetzt mit absoluter Sicherheit, daß Sie morgen früh um 6 Uhr sterben werden, wie würden Sie die Sache beurteilen?

Wann immer Sie verwirrt sind, wann immer Sie nicht wissen, ob ein Vorhaben wahrhaft wesentlich ist, wann immer Sie sich nicht entscheiden können, stellen Sie sich folgende *Frage:* Angenommen, Sie wüßten jetzt mit absoluter Sicherheit, daß Sie morgen früh um 6 Uhr sterben werden, wie würden Sie die Sache beurteilen (bzw. das Vorhaben einschätzen, bzw. welche Entscheidung würden Sie dann treffen)?

Diese Frage hat mir geholfen, die wichtigsten Prioritäten in meinem Leben zu finden. So nehme ich z.B. einen Auftrag für einen Vortrag oder einen Artikel nur an, wenn ich eine Variante der Frage von oben bejahen kann:

Würde ich diesen Auftrag auch am letzten Tag meines Lebens noch ausführen?

Gibt es (viele) Tätigkeiten in Ihrem Alltag, die Sie laufend akzeptieren, wiewohl Sie sie am letzten Tag Ihres Lebens „sausen lassen“ würden?

Falls mir Zweifel kommen, überlege ich, was mich an der Sache stört. Kann dieser Störfaktor beseitigt werden? Muß diese Frage verneint werden, dann entscheide ich mich dagegen. Die Kehrseite der Medaille ist natürlich, daß ich jeden angenommenen Auftrag mit vollem Engagement durchführe!

Lassen Sie uns nun den Kreis schließen: Wie haben Sie die Eingangsfrage beantwortet? Und: Stimmt Ihre Antwort mit Ihren letzten Gedanken überein?

Angenommen, Sie hätten eingangs festgestellt, Sie litten selten unter „zu viel“ Streß; dann müßten Sie vor einigen Momenten festgestellt haben, daß es **wenige** Tätigkeiten gibt, die Sie ausführen „müssen“. Oder umgekehrt.

Wer zu häufig (oder gar regelmäßig) unter „zu viel“ Streß leidet, hat seine Prioritäten nicht sauber abgeklärt. Stellen Sie sich regelmäßig die oben erwähnte Frage, aber in der Ich-Form:

Gerade hier hilft uns der teuerste Ratgeber der Welt.

Angenommen, ich wüßte jetzt mit absoluter Sicherheit, daß ich morgen früh um 6 Uhr sterben werde, wie würde ich die Sache beurteilen (das Vorhaben einschätzen/welche Entscheidung würde ich dann treffen)?

Warten Sie einen Augenblick und die Antwort wird garantiert auftauchen. Der „kleine Mann im Ohr“ sitzt nämlich nicht im Ohr, sondern er sitzt auf Ihrer linken Schulter …

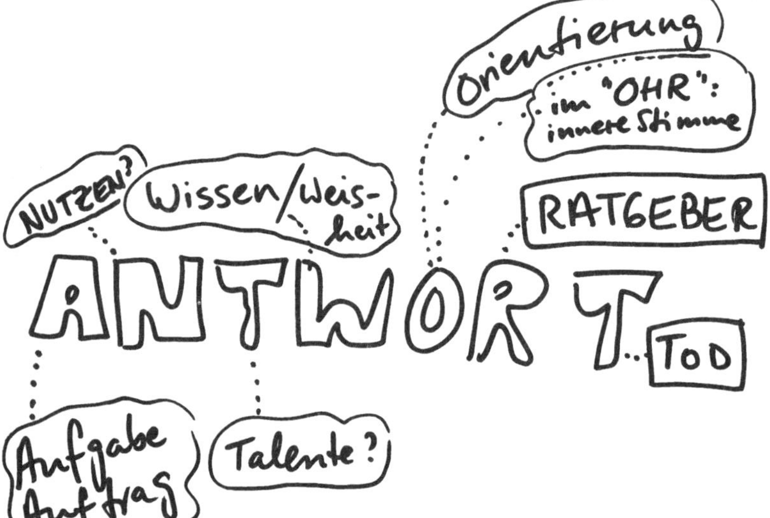

Selbstwertgefühl

Wagen Sie es, diesen Beitrag zu lesen?

Viele Menschen registrieren das Selbstwertgefühl[1] nur, wenn es angegriffen wird, wir können uns dies im **Vergleich mit der Luft** gut klarmachen:

Um von diesem Beitrag optimal zu profitieren, benötigen Sie einen **Stift**.

Haben Sie einen?

Solange Sie genügend Luft zum Atmen haben, werden Sie wohl kaum viele Gedanken an sie aufwenden; erst wenn die Luft zu verschmutzt ist oder wenn Sie durch eine Erkältung kaum atmen können, wird Ihnen der Atemvorgang bewußt. So ähnlich ist es auch mit dem Selbstwertgefühl. Deshalb sollten wir lernen, es auch und besonders dann zu registrieren, wenn wir „genügend Luft“ haben. Denn, wer das Selbstwertgefühl nur in Notzeiten bewußt wahrnimmt, erhält den falschen Eindruck, es sei im Zweifelsfall wohl nicht sehr gut.

Aufgabe Nr. 1

Beginnen wir mit einem kleinen Experiment. Notieren Sie bitte schnell und spontan Ihre **allerersten Assoziationen** zu dem Begriff *Selbstwertgefühl*. Was fällt Ihnen ein?

---

[1] Grundlage dieses Beitrages ist vor allem das Konzept von Martin SELIGMAN (vgl. seine hervorragenden Bücher *Pessimisten küßt man nicht – Optimismus kann man lernen* und *Kinder brauchen Optimismus!*).

Aufgabe Nr. 2

Auf einer Skala von 100 (ausgezeichnet!!) bis 0 (extrem mies ...):
Wie gut ist Ihr Selbstwertgefühl? (Antworten Sie durch Ankreuzen).

100 % ______________________________ 0 %

Aufgabe Nr. 3

Gilt diese Selbst-Einschätzung **immer** (oder stellt Ihr Kreuzchen eher eine **Momentaufnahme** dar)?

( ) immer ziemlich gleich

( ) eher häufig schwankend

Merke: Gewisse „Bewegungen" des Kreuzes auf der Linie sind natürlich, schließlich sind wir keine Roboter. Allerdings ist es wichtig, in welchem der drei Bereiche Sie sich **am häufigsten** „ankreuzen" würden?

Häufig im Bereich ...

( ) **100–80 %** ( ) **80–60 %** ( ) **unter 60 %**

Aufgabe Nr. 4

Jetzt beurteilen Sie das Selbstwertgefühl von **fünf Personen**, die Sie kennen. Wenn Ihnen z.B. Onkel Willi einfällt, dann fragen Sie sich, wie gut Sie **sein** Selbstwertgefühl einschätzen? 80 % für Onkel Willi? Oder eher 95 % bzw. 65 %? Wie schätzen Sie einen Kunden, den Sie gut kennen, ein? Wie einen Kollegen, eine Nachbarin, diverse Führungskräfte in Ihrem Unternehmen?

Tragen Sie die Prozentzahlen hier ein:

Person (Name)	%-Zahl
1. ________________	________
2. ________________	________
3. ________________	________
4. ________________	________
5. ________________	________

Aufgabe Nr. 5

Addieren Sie die Prozent-Zahlen und tragen Sie die **Summe** hier ein.

Summe: ________ Durchschnitt: ________

Nun teilen Sie diese Summe durch 5, so daß Sie einen **Durchschnitts-Wert** erhalten, und tragen Sie diesen ebenfalls ein.

Aufgabe Nr. 6

Beantworten Sie die folgende Frage:

Sind Sie grundsätzlich eher optimistisch oder eher pessimistisch eingestellt?

( ) Ich bin eher ________________
( ) Ich kann die Frage nicht spontan beantworten.

Kommentare zu den Aufgaben

Zu Aufgabe Nr. 1

Es kann ungemein spannend sein, wenn Sie Ihre ersten Assoziationen später in Ruhe ansehen und auf verschiedene Aspekte hin „abklopfen". Noch faszinierender kann es sein, solche Überlegungen mit (einer) anderen Person(en) zu vergleichen. Stellen Sie sich z.B. Fragen wie diese:

1. Beziehen sich unsere Assoziationen eher auf die **äußere Welt** (wie sehen andere uns?) oder auf uns selbst (ich fühle mich so-und-so...), also auf unsere **innere Welt**?
2. Deuten unsere Assoziationen eher auf **Probleme** mit dem **Selbstwertgefühl** hin (z.B. „Angst", „Unsicherheit" und ähnlich) oder beschreiben unsere Worte eher **positive Emotionen** (z.B. „sich gut fühlen")?
3. Beziehen sich unsere **ersten** Reaktionen eher auf unser eigenes Selbstwertgefühl oder auf das anderer Menschen?

Zusatz-Trainings-Aufgaben

Interessant ist, daß Knaben und Männer **eher** zur Außen-Position neigen (*„Guck mal, Mami, ohne Hände ...!"*) und Mädchen und Frauen **eher** zur Innen-Position (ewiges Grübeln, ob man gestern nicht doch besser etwas anderes gesagt/getan hätte).

1. Denken Sie an einige Personen, die Sie sehr gut zu kennen glauben, und beantworten Sie diese und ähnliche Fragen auf sie bezogen.
2. Sprechen Sie mit anderen darüber, welche Auswirkungen Ihre Ergebnisse auf Ihr Leben haben. Wenn jemand zum Beispiel bei der Untersuchung zur ersten Frage (oben) festgestellt hat, daß sich seine Assoziationen sehr stark auf die äußere Welt beziehen, könnte man darüber reflektieren, was das vielleicht bedeutet. Ist man sehr **abhängig von Urteilen anderer**, was das Selbstwertgefühl schwächt, wenn das ersehnte Feedback ausbleibt ...

Zu Aufgabe Nr. 2

Ist es Ihnen schwer oder leicht gefallen, Ihr Kreuzchen zu machen? Wußten Sie sofort, wie (auf der Skala von 0 bis 100 %) es gerade um Ihr Selbstwertgefühl bestellt war?

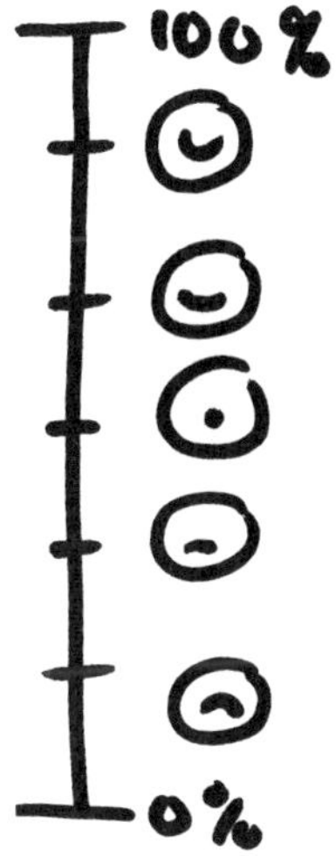

Wenn Sie die Übungen dieses Beitrages auch mit anderen Menschen durchgehen und besprechen, dann achten Sie z.B. auch darauf, wie schnell/langsam oder wie sicher/zögernd Menschen bei Aufgabe Nr. 2 ihr Kreuzchen machen.

Zu Aufgabe Nr. 3

Manche Menschen reagieren sehr erstaunt auf den Gedanken, daß unser Selbstwertgefühl nicht immer gleich ist. Dieses Erstaunen kann zwei Ursachen haben:

1. **Das Thema Selbstwertgefühl ist für sie „kein Thema“,** über das nachzudenken sie **gewohnt** sind. Demzufolge sind die meisten Gedanken hierzu **neu**, so ginge es uns auch, wenn wir uns zum erstenmal mit Komplexitäts-Theorie oder Quanten-Physik befassen. Allerdings gibt es einen immensen Unterschied zwischen den beiden Themenkreisen Quanten-Physik und Selbstwertgefühl. Wer über das Selbstwertgefühl nie nachdenkt, wird auch das seiner Mitmenschen kaum achten und könnte **eben deshalb** deren Selbstwertgefühl verletzen, **ohne sich dessen je bewußt zu werden.** Dies kann besonders bedrohlich für die Kinder, Lebenspartner/innen, Kolleg/innen und Mitarbeiter/innen solcher Menschen sein …

Ich hörte einmal, wie eine junge Frau zu einer älteren, die unter aktuer Atemnot litt, sagte: „Was schnaufst denn so?!“ Der Ton war ungeduldig und voller **Staunen**, wie jemand sich „so anstellen“ kann, anstatt „einfach“ Luft zu holen.

2. **Viele Menschen registrieren das Selbstwertgefühl nur, wenn es angegriffen wird.** Erinnern Sie sich an unsere **Metapher Luft** (am Anfang dieses Beitrags)? Wer ausreichend Atemluft hat, wird sich keine Gedanken darüber machen; erst wenn die Luft verschmutzt ist oder man (z.B. bei Erkältung) kaum atmen kann, wird das Atmen zum Thema. So auch beim Selbstwertgefühl.

Trainings-Aufgabe

Führen Sie für ein besseres Selbstverständnis die **Aufgabe Nr. 2** (Seite 168: spontan ankreuzen, wie gut Ihr Selbstwertgefühl gerade ist), einige Wochen lang durch, und zwar **wann immer** Sie gerade daran denken. Zunächst schriftlich, damit Sie Ihre Selbsteinschätzungen **später in Ruhe studieren** und feststellen können, **wie** Sie sich **häufig** fühlen. Dies könnte Ihre erste Antwort zu **Aufgabe Nr. 3** (Seite 168) vielleicht korrigieren. Später reicht es, wenn Sie die Aufgabe gedanklich durchlaufen, damit Sie sich immer wieder bewußt machen, wie gut Ihr Selbstwertgefühl oft ist, was Sie vielleicht früher nur in Extremfällen bewußt registriert hatten. Sie wissen ja: durch eigene Erfahrungen lernen wir mehr, als das dickste Buch uns vermitteln könnte.

Merke: Ein **gesundes** Selbstwertgefühl kann **nicht immer gleich** sein; denn es ist die **zentrale Instanz unseres (Bewußt-)Seins** und reagiert äußerst flexibel auf Signale von außen.

Allerdings sollten die Schwankungen nicht dauernd extrem sein. Nach einer großen Niederlage sind wir sicher zeitweise niedergedrückt, aber **im Allgemeinen** (= **im ganz normalen Alltag**) bleiben die Schwankungen innerhalb eines ca. 20- bis 25-%-Bereiches, z.B. zwischen 90 % und 70 % bis 65 %. Bei **starken** Pendelbewegungen empfehle ich Ihnen die Aufgabe im Kasten.

Ähnlich, wie ein Thermometer die jeweilige Temperatur anzeigt, nicht aber die gewünschte. Also zeigt es heute frühmorgens vielleicht 5 und mittags 22 °C …

Aufgabe: Notieren Sie Ihre Position einige Tage lang und zeichnen Sie dann eine „Fieberkurve“: Gibt es riesige Zacken und „Täler“, dann schwanken Sie von „himmelhoch jauchzend“ bis „zu Tode betrübt“, haben also manische und depressive (niedergedrückte) Stimmungen. Ist dies **normalerweise** die Regel, dann kann es sich um eine **endogene** (**innerlich** verursachte) Tendenz zu Stimmungs-Schwankungen handeln; gehen Sie sicherheitshalber zum Arzt.

Zu Aufgaben Nr. 2 und 4

Vergleichen Sie Ihre eigene Prozentzahl mit dem **Durchschnitt** der fünf Personen aus Aufgabe Nr. 4.

Meine bisherigen Erfahrungen haben gezeigt: Je höher das **eigene Selbstwertgefühl** eingeschätzt wird, desto größer ist die Tendenz, **das Selbstwertgefühl anderer Menschen niedriger einzustufen** (im Schnitt um 13 %).

Bitte vergleichen Sie, ob das auch in Ihrem Fall zutrifft.

> Übrigens wäre es optimal, wenn Sie möglichst viele Menschen dazu einladen könnten, Aufgaben 1 und 4 ebenfalls zu durchlaufen, und die Ergebnisse anschließend miteinander vergleichen würden. Dabei könnten alle Betroffenen wertvolle Einsichten gewinnen …

Wollen wir nun einen Blick auf **den** Bereich des Selbstwertgefühls werfen, in dem Sie sich **häufig** aufhalten: ganz „oben“, „ziemlich oben“ oder unter 60 %?

Zu Aufgabe Nr. 3

Bitte übertragen Sie Ihr Ergebnis von S. 168 hierher (auf diese Doppelseite).

( ) **100–80 %**

Zwar gratuliere ich Ihnen, aber es besteht eine gewisse Wahrscheinlichkeit, daß das Selbstwertgefühl für Sie bis heute „absolut kein Thema“ darstellte. Wir sprachen bereits von der Gefahr (mangelnde Sensibilität für das Selbstwertgefühl anderer). Sie können die Angst-, Scham- und Schuldgefühle derer, die an mangelndem Selbstwertgefühl leiden, oft nicht nachvollziehen, weder emotional noch intellektuell, solange Sie sich mit dem Thema nicht befassen. Allerdings gibt es Menschen, deren Selbstwertgefühl zwar **nicht** so toll ist, die ihre Probleme jedoch **so gut vor sich selbst verbergen**, daß sie **glauben**, ihr Selbstwertgefühl sei exzellent.

Auch diese Menschen stufen sich im Bereich 100–80 % ein.

( ) 80–60%

Natürlich haben auch Sie „Spitzenwerte" in der Nähe von 100% (wenn Ihnen etwas besonders gelungen ist) oder um 60% (wenn Ihnen etwas mißlang), aber im normalen Alltag kreisen Sie eher um die 80%-Marke. **Ihnen** ist das Thema Selbstwertgefühl **sowohl bewußt als auch wichtig**. Sie sind höchstwahrscheinlich auch sehr **sensibel** für das Selbstwertgefühl Ihrer Mitmenschen. Dies ist eine der Grundvoraussetzungen für höflichen und einfühlsamen Umgang mit unseren Mitmenschen ...

( ) **unter 60%**

Es könnte sein, daß dieser Beitrag Ihnen völlig neue Perspektiven eröffnet. Wahrscheinlich können Sie Ihr Selbstwertgefühl **dramatisch verbessern**, wenn Sie möglichst viele der vorgeschlagenen Aufgaben aktiv durchlaufen. Bitte bedenken Sie, daß der untere Bereich des Selbstwertgefühl-Spektrums mit häufigen Gefühlen von **Niedergeschlagenheit** (sogenannte **Depressionen**) einhergeht: Je weiter nach rechts Ihr Kreuzchen auf der Linie „wandert", desto gefährdeter sind solche Menschen. **Aber Sie stehen nicht allein**, denn **Depressionen** weisen in den industrialisierten (und angeblich so zivilisierten) Ländern eine dramatische **exponentielle Wachstumskurve** auf! Da das Thema „Selbstwertgefühl" bei uns fast schon ein Tabu-Thema ist, wagen Betroffene es kaum, mit anderen darüber zu sprechen. Dadurch aber erfahren sie nicht, wieviel andere ebenfalls regelmäßig große Selbst-Zweifel und Schlimmeres ertragen müssen.

Neulich im Fernsehen bezeichnete ein Fachmann Depression als „Volkskrankheit Nr. 1", wobei es gerade für Betroffene bereits eine enorme Erleichterung darstellt, wenn sie begreifen, daß sie eben nicht alleine darunter leiden.

- Menschen, die um die **Jahrhundertwende** geboren wurden, hatten nur zu **1%** einmal eine **schwere** Depression erlebt.

Wir sind alle ab und zu einige Tage lang depressiv, aber wenn wir z.B. zwei Wochen am Stück jeden Tag weinen, dann ist das ein schwerer depressiver Schub.

- Bei Menschen, deren Geburtsjahr **zwischen** dem **Weltkrieg I und II** liegt, **erhöht** sich die Rate bereits auf ca. **3%**.
- Bei Menschen, die **nach dem 2. Weltkrieg** (1945–1959) auf die Welt kamen, liegen die Zahlen bereits bei ca. **20%**.
- Bei den **ab 1960 Geborenen** nimmt man indes an, daß **70 bis 80% mindestens einen** schweren Depressionsschub erlitten hatten bzw. **regelmäßig mittelschwere depressive Gefühle erleiden** (müssen).

Die Bewohner/innen sogenannter zivilisierter (industrialisierter) Länder leiden also in zunehmendem Maße an den **Auswirkungen** eines geschwächten Selbstwertgefühls. Da das Thema jedoch weitgehend als Tabu gehandhabt wird, reden Entscheidungsträger, Politiker, Schulleiter etc. lieber über **Symptome** (z.B. **steigende Gewalt** – auch innerhalb von Familien, **wachsende Kriminalität** in Nachbarschaften, Schulen, Gemeinden, Städten und Staaten, **steigender Drogenkonsum** etc.).

Wußten Sie übrigens, daß in den USA mehr Jugendliche ihre „Ausbildung“ im Knast durchlaufen als einen College-Abschluß machen?

Langsam begreifen jedoch immer mehr Menschen, daß die zentrale Thematik hinter diesen Auswüchsen das **Selbstwertgefühl** ist. Zahlreiche Studien (in allen Industrie-Nationen) zeigen, daß jugendliche Kriminelle **verzweifelt das Gefühl der Hilflosigkeit** bekämpfen, die eigentliche Wurzel ihres Selbstwert-Problems.

Zu Aufgabe Nr. 6

Es ging um die Frage: **Sind Sie eher optimistisch oder pessimistisch?** Was haben Sie geantwortet? Oder gehören Sie zu den vielen Menschen, die diese Frage „auf Anhieb“ **gar nicht** beantworten können? Dann befinden Sie sich in guter Gesellschaft. Deshalb bietet dieser Beitrag Ihnen eine Trainingsaufgabe, mit deren Hilfe Sie diese wichtige Frage für sich (bzw. für andere Menschen, über die Sie nachdenken wollen) klären können. Aber zuerst wollen wir uns dem zentralen Anliegen von Martin SELIGMAN zuwenden. Die beiden Schlüsselbegriffe, um die es geht, sind:

Kontrolle & Hilflosigkeit

Stellen Sie sich ein Spektrum vor. Seine Extrempunkte heißen **Kontrolle** und **Hilflosigkeit**. Denken wir uns jetzt einen Schieberegler hinzu, der sich zwischen den beiden Endpunkten hin- und herbewegen kann und der in jedem Augenblick unseres Lebens an einer Stelle auf dieser Verbindungslinie „sitzt“:

Mit diesem Bild möchte ich Ihnen das SELIGMAN'sche Konzept der *erlernten Hilflosigkeit* nahebringen, es geht nämlich darum,

1. **wo** auf dieser „Geraden" wir uns **derzeit** befinden, und
2. **wie oft/lange** wir am Pol der Kontrolle (bzw. Hilflosigkeit) **verweilen**.

Der Begriff *„Kontrolle"* könnte zu Mißverständnissen führen, deshalb betont SELIGMAN, es könnte auch „Meisterschaft" heißen; *Kontrolle* steht für das Gefühl:

- eine Sache **„im Griff"** zu haben,
- eine Angelegenheit **„steuern"** zu können,
- sich in einer Situation zu **bewähren** usw.

Dieses Gefühl der Kontrolle/Meisterschaft ist sozusagen die **Umwelt** für das **zarte Pflänzchen Selbstwertgefühl**: Zu viel **Pestizide** (Hilflosigkeit) und es wird krank. Genügend **Nährstoff** (Kontrolle) und es gedeiht (geheilt).

Denk-Experiment:
Der „elektrische" Stuhl

Jetzt möchte ich Sie einladen, an einem kleinen **Denk-Experiment** teilzunehmen:

Stellen Sie sich vor, Sie seien eine Versuchsperson in einem Experiment im Rahmen einer Seminar-Veranstaltung. Es ist 10 Uhr früh. Die Tagung hat gerade begonnen. Um 10.05 Uhr merken Sie plötzlich, daß Sie auf einem elektrischen Stuhl sitzen, denn Sie haben gerade einen elektrischen Schlag erhalten. Nicht extrem schmerzhaft, aber schon unangenehm. Da, schon wieder! Und wieder! Sie würden dem nächsten Schlag gern entgehen. Was tun Sie? Wie würden Sie handeln?

Ich ______________________________

Die meisten Teilnehmer/innen sagen, sie würden versuchen aufzustehen, im Klartext: Sie möchten **Kontrolle** über die Situation erlangen. Wenn Sie Kontrolle haben, dann haben Sie auch die Macht, Unangenehmem zu entgehen. Dann fühlen Sie sich **stark** und denken in der Regel über Ihr **Selbstwertgefühl nicht** nach.

Nehmen wir eine zweite Variante dieses Denk-Experimentes: Wieder sitzen Sie im Seminar, aber diesmal sind alle mit **Sicherheitsgurten** an ihre Stühle gegurtet – **wie im Auto**. Wieder erleben Sie alle den elektrischen Schlag. Was tun Sie?

Ich ______________________________

Die bisherigen Seminar-Ergebnisse sind faszinierend, denn bei dieser Variante weichen die

Antworten von Männern und Frauen stark voneinander ab:

Fast alle Männer sagen: „Gurt öffnen!“, **um aufzustehen**. Viele Frauen (und wenige Männer) sagen: „Schreien“, „um Hilfe rufen“, „um Hilfe bitten“ o.ä.

> **Aufgabe:** Testen Sie, wie Ihre Kolleg/innen, Nachbar/innen etc. reagieren! Stellen Sie die beiden Fragen des Denk-Experimentes im Freundeskreis und vergleichen Sie die Antworten …

Gehen wir in unserem Denk-Experiment einen Schritt weiter: Nehmen wir an, Sie möchten den Gurt öffnen, um aufzustehen. Bei 50 % von Ihnen geht der Gurt auch tatsächlich auf. Bei den anderen 50 % geht er hingegen **nicht** auf. **Sie** sind unter **jenen**, bei denen er **nicht** aufgeht. Was machen Sie jetzt?

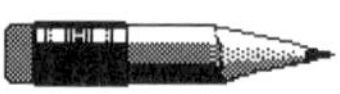

Ich ______________________________

Stellen Sie sich einen **Schieberegler** vor, der zwischen **Hilflosigkeit** und **Kontrolle** hin- und herwandert (siehe Seite 181)! Geht der Gurt tatsächlich auf, dann erlangen Sie Kontrolle und fühlen sich gut, andernfalls „marschiert“ Ihr **Selbstwertgefühl in Richtung Hilflosigkeit.**

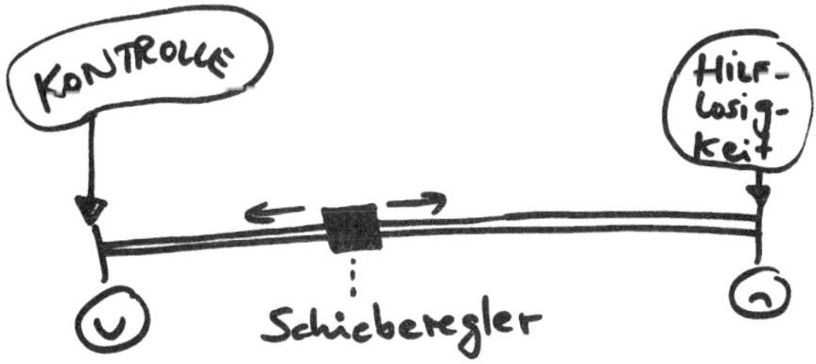

Nehmen wir jetzt an, die Versuchsanordnung sieht folgendermaßen aus: Bei 50 % der Teilnehmer/innen geht der Gurt **sofort** auf. Sie können dem Stromstoß sehr schnell entfliehen. Bei den anderen 50 % hingegen können die Betroffenen dem Stromschlag nur entfliehen, **wenn sie mit dem rechten Fuß kurz aufstoßen.** Ratten würden das – durch Versuch und Irrtum – **lernen.** Sie würden so viele verschiedene Bewegungsabläufe durchspielen, daß dabei zufällig auch einmal der richtige dabei wäre. Dann würden sie die letzten Bewegungen mehrmals wieder ausprobieren, und nach einigen Durchgängen hätten sie „es gelernt" und damit **die Kontrolle wieder erreicht.** Jetzt können sie jeden Stromstroß gezielt mit der richtigen Reaktion beantworten.

Und wir? Würden wir es lernen? Hätten wir es nach 30 bis 40 Versuchen gelernt? Sind wir so intelligent wie Ratten?

Fällt Ihnen da auch die Schule ein?

Antwort: **Ja, aber nur, wenn wir uns gut fühlen**. Diese Einschränkung gilt für Mensch wie Tier. Nur im Bereich der Kontrolle lernen wir schnell und leicht.

Je weiter der Schieberegler sich in Richtung **Hilflosigkeit** bewegt, desto **weniger fähig** werden Lebewesen, desto weniger können sie **ihr angeborenes Potenzial entwickeln** oder entfalten. Rutscht der Schieberegler gar unter die 50%-Marge, dann wird die Lernfähigkeit dramatisch eingeschränkt.

Wenn wir uns erinnern, daß viele Menschen bei der Gurt-Variante des Denk-Experiments bereits sagen, sie würden „um Hilfe schreien" (d.h. sie hätten aufgehört, die Situation durch **eigene** Aktivitäten alleine bewältigen zu wollen), dann sehen wir: Ab einem gewissen Grad an Hilflosigkeit können wir auf eigene vorhandene Ressourcen (des logischen Denkens, des spielerischen Herumprobierens, des systematischen Testens u.ä.) nicht mehr zurückgreifen.

Also kann unser kleines Denk-Experiment als **Metapher** für wichtige Verbindungen stehen, z.B.:

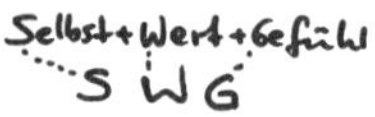

- **Selbstwertgefühl** und die Fähigkeit, **Probleme** zu lösen,
- **Selbstwertgefühl** und die **Lernfähigkeit**, sowie
- **Selbstwertgefühl** und die Fähigkeit, **Herausforderungen** anzunehmen.

Die Frage, wie gut Ihr Selbstwertgefühl ist, beantwortet sich besonders gut, wenn Sie vor einer **Heraus**-Forderung stehen. Denn jede **Heraus**-Forderung fordert Sie auf, aus alten Denk- und Verhaltensrillen **heraus** zu kommen, sonst hieße es ja „Hinein-Forderung". Wenn wir im Selbstwertgefühl nicht ok sind, dann erleben wir Denkblockaden, Sturheit, Abschließen gegen alles Neue usw. Deshalb kommen wir dann eben nicht „heraus".

Gehen wir nun vom Denk-Experiment zu einer echten Studie: Stellen Sie sich vor, wir nehmen eine Ratte und halten sie in der Hand. Wir sind lieb und nett, wir halten sie aber fest. Wir brechen ihr keine Knochen, wir halten sie nur fest.

Frage: Wie reagiert die Ratte?

Sie ______________________________

Wahrscheinlich haben Sie es erraten. Wer schon einmal versucht hat, eine Katze gegen ihren Willen festzuhalten (oder ein Kind!), kennt die Reaktion unserer Ratte: Sie wird sich wehren. Sie will – wie jedes Lebewesen – Kontrolle über ihre Situation. Dieser Widerstand ist zunächst kontinuierlich, dann wird er von kleinen Pausen unterbrochen, dann beobachten wir immer größere Pausen zwischen stetig kürzer werdenden Widerstandsphasen, und am Ende wird sie **sterben**.

Werdegang, wenn der Schieberegler zu weit nach rechts rutscht: Passive Phase (Apathie), Depression, Tod.

Schwimm, Ratte, schwimm!

Diesmal probieren wir etwas anderes. Wir halten die Ratte nicht ganz so lange fest, sondern wir setzen sie in der depressiven Phase in ein Wasserbecken. Das heißt, daß sie **schwimmen muß**, bis der Versuchsleiter sie herausnimmt (sie kann sich also nicht ausruhen). **Frage:** Wie lange, glauben Sie, schwimmt eine **Ratte, die wir hilflos gemacht** haben, **ehe sie ersäuft**?

Was haben Sie geschätzt? 30 Sekunden? Eine Stunde? Die Antwort liegt dazwischen. Es ist ca. eine halbe Stunde. So lange schafft es eine Ratte, die wir **hilflos gemacht** haben.

Dies bringt uns zur eigentlichen Preisfrage: Wie lange, glauben Sie, wird eine Ratte schwimmen, die wir **nicht** hilflos gemacht haben? Was schätzen Sie?

> Falls Sie die Möglichkeit haben, Ihre Schätzung mit Schätzungen anderer Personen zu vergleichen, ehe Sie weiterlesen, tun Sie dies. (Vielleicht können Sie telefonieren?)

Ehe ich Ihnen die Antwort sage, möchte ich Sie bitten, darüber nachzudenken, welche **Parallelen** es zwischen der **Ratte, die wir hilflos machen**, und **unseren Kindern** (bzw. uns, als Kinder, früher!) geben könnte.

Einige Beispiele:

- Die Ratte, die wir halten, kann sich nicht frei bewegen.
- Sie kann ihre Zeit nicht ihren Wünschen gemäß einteilen.
- Sie kann ihre Handlungen nicht frei wählen und ausführen.
- Sie kann den Ort, an dem sie sich aufhält, nicht bestimmen, usw.

Wie gehen wir mit Kindern um? **Wir machen sie hilflos.** Wir sagen ihnen …

- wann sie wo zu sitzen, zu gehen, zu stehen haben,
- was sie anziehen müssen,
- wann sie was essen dürfen,
- daß sie den Spinat auch essen müssen,
- daß sie den Teller leer essen müssen,
- daß sie nicht in der Nase bohren dürfen, usw.

Nun folgt die Antwort auf die Frage: **Im Gegensatz zu einer Ratte, die wir vorher hilflos gemacht hatten** (und die noch ca. 30 Minuten schwimmen kann, ehe sie ersäuft),

Genaugenommen wird das **Immunsystem geschwächt,** was zu den körperlichen Problemen und der Ermüdung führt.

Quelle dieses klassischen Mobile-Experimentes an der University of California, in Berkeley ist der Beitrag von J. WATSON.

Eselsbrücke KONTINGENZ
Kon heißt *mit*, bei *tin* denken Sie an *Tango*, den tanzen immer zwei. Also können wir sagen: **Ich und die Welt tanzen Tango**, das ist **Kontingenz**.

schwimmt eine gesunde Ratte, deren „Selbstwertgefühl" nicht angegriffen worden war, ca. **60 Stunden!**

In Worten: **60 Stunden versus 30 Minuten.** Sie sehen: Hilflosigkeit schwächt, schon physisch, total.

Das Mobile über Babys Bettchen

Bei diesem Experiment arbeitete WATSON (und sein Team) mit Säuglingen. Man hat sich ganz raffinierte Techniken ausgedacht für Studien mit Säuglingen, die z.B. „nur" in ihren Bettchen liegen. Sie bekommen ein ganz spezielles Kissen, mit einem Bewegungsmelder. Bewegt das Baby den Kopf **in einer bestimmten Weise**, dann geschieht etwas. Dieses „Etwas" ist das jeweilige Thema eines Experimentes.

Im Falle dieser inzwischen klassischen Studie hat man den Bewegungsmelder so verdrahtet, daß sein Signal ein **Mobile** über dem Kinderbett in Bewegung setzte. Bewegt das Kind den Kopf in einer bestimmten Weise, **dann bewegt sich auch dieses Mobile**! Nach einer Weile bemerkt das Kind die Verbindung. Es begreift, daß es selbst das Mobile kontrolliert. Offiziell spricht man von „**Kontingenz**". Dieser Fachbegriff steht für *Kontrolle haben.*

Im Klartext: Wenn das, was ich tue, in der Welt eine Reaktion auslöst, dann erlebe ich dies als **Kontingenz**. Wenn das, was ich tue, hingegen **keine** Reaktion auslöst, dann habe ich keine Kontingenz (keine Kontrolle).

In diesem Experiment gab es drei Versuchsgruppen:

A (wie eben beschrieben): immer wenn sie das Köpfchen bewegen, bewegt sich das Mobile.

B ist ein sogenanntes *Joch-Experiment.*

Ein Joch ist das, was zwei Bullen z. B. vor dem Pflug verbindet.

Bei einem **Joch-Experiment** wird das Mobile eines zweiten Babys in einem anderen Zimmer so installiert, daß **dieses B-Mobile sich immer bewegt, wenn das A-Baby es richtig macht.** Wenn A-Baby sein eigenes Mobile bewegt, bewegt sich das Mobile des Partner-Babys auch.

Das Partner-Baby bekommt also genau so viel Mobile-Bewegungen wie das erste. Wenn die Bewegung des Mobiles das Motivierende wäre, müßte es interessiert und fasziniert auf das Mobile schauen.

C Bei solchen Versuchsanordnungen gibt es in der Regel eine „blinde" Gruppe, bei der „nichts passiert", zum Vergleich. In diesem Fall handelt es sich um ein **Stabile**. Es **sieht aus wie ein Mobile**, aber es bewegt sich **nicht**, egal, was das Kind (oder ein Joch-Partner) macht.

Wie glauben Sie, entwickeln sich die Babys der drei Versuchs-Gruppen?

Bevor wir uns die Versuchsergebnisse ansehen, möchte ich Sie bitten, den folgenden Gedanken von Martin SELIGMAN in Zeitlupe zu durchdenken.

Hier sollten wir uns an unsere Ratte erinnern: Nur 30 Min. schwimmt die passive (depressive) Ratte; 60 Std. eine Ratte, die KONTINGENZ erfährt!

Lange bevor sie sprechen können, reagieren Kinder äußerst sensibel auf KONTINGENZ (= Kontrolle haben) und Nicht-Kontingenz. Beherrscht ein Baby einen Gegenstand, besteht eine Kontingenz zwischen seinem Handeln und dessen Ergebnis, so hat das einen doppelten Effekt: Erstens, das Baby ***freut*** *sich an dem Gegenstand und zweitens, es wird aktiver. Ist ein Baby hingegen hilflos, weil KEINE KONTINGENZ zwischen seinen Handlungen und einer Wirkung besteht, wird es traurig oder ängstlich und wird passiv.*

Gruppe A

Diese Kinder entwickeln sich prächtig:

- Sie lachen viel,
- sie lächeln,
- sie strampeln häufig und bewegen sich,
- sie glucksen vor sich hin,
- sie sind happy und
- sie haben großes Interesse an ihrer Umwelt.

Gruppe B +C

Die Babys dieser beiden Gruppen hingegen entwickeln **Null Bock auf die Welt,** die sie umgibt. (Fallen uns da nicht manche jungen Leute in unserer Gemeinde, Stadt oder in unserem Land ein …? Und wenn wir weiter überlegen, wie wenig Kontrolle und wieviel Hilflosigkeit viele von uns in gewissen Situationen im ganz normalen Alltag erfahren, dann sagt das eine ganze Menge aus.)

Das angeborene Bedürfnis nach Kontingenz aller Lebewesen ist die **Fahrkarte** für

- **Interesse** an der Umwelt,
- **aktive Teilnahme** am Leben,
- **Lernfähigkeit,**
- **Problem-Lösungs-Fähigkeit** und der

- Fähigkeit, **HERAUS-forderungen annehmen** zu können.

Wir können diesen wichtigen Grundgedanken auch mit folgendem SELIGMAN-Beispiel nachvollziehen:

„Wenn das Baby mit einer Rassel rasselt und wenn ihm das Freude macht, dann ist es ***nicht*** *die Tatsache,* ***daß*** *die Rassel rasselt, die diese Freude auslöst, sondern die Tatsache, daß* ***es selbst*** *die Rassel rasseln* ***lassen kann!“***

Ich möchte Ihnen jetzt einen **strategischen Ansatz** zeigen, der Ihnen helfen kann, das Thema „Selbstwertgefühl“ besser in den Griff zu bekommen (mehr KONTINGENZ!), bzw. besser auf Menschen, denen Sie helfen wollen, zuzugehen …

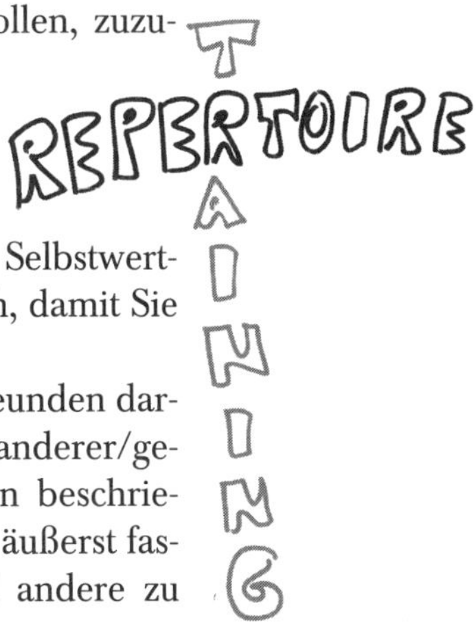

Übungen

1. Machen Sie die Übung mit dem Selbstwertgefühl (s. oben) so oft wie möglich, damit Sie ein Bewußtsein dafür entwickeln.
2. Wenn Sie mit möglichst vielen Freunden darüber reden, das Selbstwertgefühl anderer/gegenseitig einzuschätzen, wie oben beschrieben, dann haben Sie die Chance, äußerst faszinierende Dinge über sich und andere zu entdecken.
3. Der (SELIGMAN’sche) vier-Schritt-Zyklus:

AUFGABE

Schritt 1: Die folgende Aufgabe kostet etwas Mut: **Versuchen Sie herauszubekommen, was Sie denken.** Das ist gar nicht so einfach. Stellen Sie sich einen Timer, und immer wenn er piepst, schreiben Sie auf, was Sie gerade denken. So sammeln Sie Ihre eigenen Gedanken über drei bis vier Wochen. Dann können Sie sie anschließend analysieren.

Ich muß Sie allerdings warnen: Wenn Sie mit der Übung anfangen, wird es unerhört spannend. **Die Gedanken sind wie scheue Rehe.** In dem Moment, in dem Sie sie betrachten wollen, werden sie **unsichtbar**. Der Timer piepst, Sie haben **Null Gedanken** in Ihrem Kopf. **Totales Vakuum.** D. h., wir brauchen etwas Geduld. Nur, wenn Sie am Ball bleiben und weitermachen – in der ersten Woche haben Sie keine Ausbeute –, *dann* bekommen Sie langsam mit, was Sie denken. *Dann* können Sie Ihre Gedanken notieren und sammeln. Dann können Sie nach drei oder vier Wochen zur nächsten Inventur-Aufgabe übergehen.

Schritt 2: **Machen Sie zunächst nur eine einfache Einteilung:** Ist dieser Gedanke **positiv** oder **negativ?** Alle anderen Gedanken lassen Sie vorläufig noch wegfallen. Gedanken wie „ich werde nachher Nachrichten gucken" lassen Sie weg. In diesem zweiten Analyse-Schritt versuchen Sie zu sortieren, nach positiven und negativen Aussagen. Dann erst gehen Sie zum dritten Schritt dieser Analyse-Technik vor:

Schritt 3: **Stellen Sie weiter fest: Ist der jeweilige Gedanke *global oder spezifisch?*** Eine **globale** Aussage ist eine Aussage, welche z.B. „immer", „alle", „nie" u.ä. enthält. Eine globale negative Aussage lautet z.B.: „So etwas schaffe ich nie", „Immer erwischt es mich", „Alle hassen mich", „Alle Lehrer sind A…löcher", „Alle Kunden sind anstrengend" oder „Alle Chefs sind sowieso unmöglich". Das sind globale negative Aussagen.

Globale positive Aussagen sind z.B.: „**Alle** Kunden haben ein Recht darauf, bei uns gut bedient zu werden", „**Alle** Menschen sind nett und der eine oder andere – *jetzt wird es spezifisch* – ist ein A…loch".

Also wollen Sie zwei Dinge feststellen (auf jeden Ihrer Gedanken bezogen):

1. **Ist diese Aussage global** (alle, immer, nie) oder ist sie spezifisch? Und:

GLOBAL POSITIV

2. Ist sie **global negativ** oder **global positiv**?

Anfangs werden Sie vielleicht in Zeitlupe vorgehen müssen, bis Sie ein Gefühl für diese beiden Einteilungen bekommen. Später können Sie z.B. beim Fernsehen gut üben, typische Aussagen der gesuchten Art zu erkennen.

Die Vorgehensweise gilt sowohl bei Ihren **eigenen Gedanken** als auch bei Äußerungen anderer Menschen (schriftlich wie mündlich).

Wenn Sie diese Unterscheidung nämlich erst einmal schnell und sicher vornehmen können, **dann können Sie den letzten wichtigen Schritt dieser vier Schritte** (s. Seite 196) **durchlaufen.**

Zunächst müssen wir jedoch zwei wichtige Aussagen über **Optimismus** und **Pessimismus** begreifen, welche in jahrzehntelangen Studien herausgefunden wurden. Sie helfen uns, uns selbst (oder andere) besser zu erkennen.

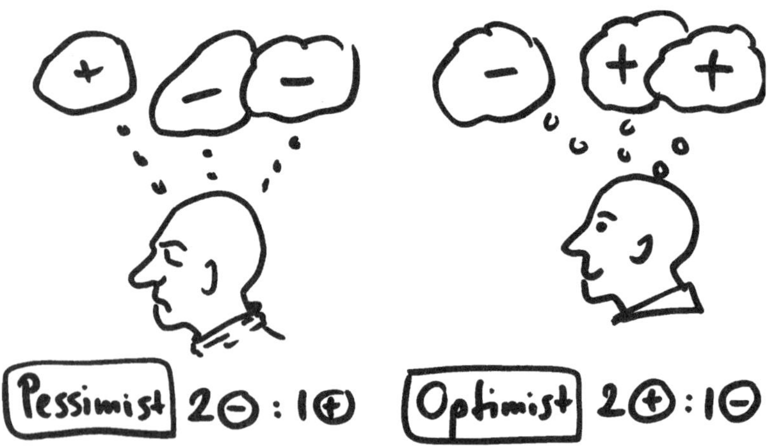

Der **Optimist** denkt **zwei positive Gedanken auf einen negativen**.

Beim **Pessimisten** ist es hingegen umgekehrt: Er denkt **zwei negative Gedanken auf einen positiven.**

Natürlich gelten diese Aussagen im statistischen Schnitt. **Deshalb sollen Sie ja zunächst die Gedanken von einigen Wochen sammeln**, damit Sie Ihren statistischen Durchschnitt ermitteln können. Würden Sie die Übung mit einigen Aussagen von zwei Tagen machen, an denen Sie gerade besonders viel Probleme oder Erfolge hatten, dann hätte die Analyse keinerlei Wert.

Die Aussage **2:1** zeigt, daß der Pessimist natürlich auch positive Gedanken denkt. Aber es sind eben nur **ein Drittel positive** auf **zwei Drittel negative**. Wenn wir z.B. 90 unserer Gedanken gesammelt haben, dann erhebt sich die Frage: Sind 60 davon positiv und 30 negativ (oder umgekehrt)?

Desweiteren haben SELIGMAN und sein Team herausgefunden: Der **Optimist** denkt **global positiv, spezifisch negativ**, z.B.: *„Normalerweise schaffe ich Prüfungen, an diesem Tag war ich jedoch nicht besonders gut drauf. Diese Prüfung habe ich also versaut."*

Der **Pessimist** glaubt **global, daß die Welt schlimm ist.** Und wenn es einmal spezifisch doch funktioniert, sagt er: *„Dieses Mal hat der Lehrer eine etwas einfachere Prüfung gebastelt."*

Fallbeispiel: Ich bin eine miese Mami

SELIGMAN bringt das Beispiel von Lydia, einer Mutter, die unter ihren gesammelten Gedanken ein **wiederkehrendes Thema** fand, das sich in der Aussage *Immer bin ich eine miese Mami* spiegelt. Dabei lauteten die Formulierungen z.B.: *Immer habe ich Krach mit den Kids! – Immer schreie ich die Kinder an! – Alle meine Kinder müssen mich hassen!*, u.ä.

GLOBAL NEGATIV

Übrigens muß uns klar sein, daß eine **globale negative Aussage** auch dann **global negativ** bleibt, wenn das Wort „immer" (alle u.ä.) fehlt, wenn es nämlich so gemeint (impliziert) wird.

Nun erklärt SELIGMAN uns: Alles, was da steht (was wir in unserer mehrwöchigen Suche gefunden haben), sind Gedanken von uns, und nun neigen wir dazu, unsere eigenen Gedanken ernst zu nehmen. Das ist der Fehler. Wir neigen dazu, unsere eigenen Gedanken zu glauben, **ohne** sie zu analysieren. (Im Gegensatz zu Gedanken anderer, da sind wir weit skeptischer ...)

Sagt Lydia: „*Ich bin eine miese Mami*" und meint: „*Immer bin ich ...*" dann ist die Aussage als **global negativ** zu behandeln.

Deshalb gilt: **Analysieren Sie sie!** Betrachten Sie Ihre eigenen Gedanken als vorläufig angedachte **Hypothesen**! Eine Hypothese kann sich genau so gut als falsch herausstellen – sie ist ja noch nicht bewiesen. Es **kann** so sein (wie unsere Gedanken es beschreiben), es kann aber genau so gut auch **nicht** so sein. Lernen Sie also, Ihre Aussagen als Hypothesen zu betrachten und sich eine Welt vorzustellen, in der das, was Sie aufgeschrieben haben, **nicht so** wäre.

Dann machen Sie eine Liste. Gehen jetzt ins Detail und listen Sie konkret auf: *Wo, wann, bei welchen Gelegenheiten bin ich eine miese Mami und wo nicht?* Bei dieser Mutter war die **„miese Mami"-Liste sehr lang**, die Gegen-Liste „gute Mami" hingegen sehr kurz.

Gehen Sie genau so vor. Wenn Sie ein **Thema** finden, das ständig wiederkehrt, dann machen auch Sie eine Pro- und Contra-Liste und eine Gegen-Aufzählung. An dieser Stelle könnte es sein, daß Sie mit jemandem sprechen wollen, mit einer Person Ihres Vertrauens.

So würde Lydia vielleicht mit einer Freundin sprechen und ihr erzählen: *„Schau mal, ich habe geschrieben, ich bin eine miese Mami, und es sieht wirklich so aus, als ob das wahr wäre. Ich habe meine Listen gemacht. Wahnsinnig viel miese Mami."* Und die Freundin sagt vielleicht: *„Ok, was steht denn da alles? Bei welchen Gelegenheiten bist du eine miese Mami?"*

Eine Vertrauensperson kann unserer betroffenen Mutter helfen, wenn **sie** in der Denkrille Nr. 1123A steckt, die da lautet: *Ich bin eine miese Mami.* Deshalb kann sie derzeit absolut nicht sehen, was positiv an ihr ist.

Lydia zählt auf: *„Wenn ich die Kinder schimpfe, wenn ich ungeduldig bin, wenn ich sie anschreie, usw."* Dann kann die Freundin sagen: *„Und die Gegen-Liste?"* Hier sagt die Mutti vielleicht: *„Na ja, waschen, kochen, Haushalt usw., das kann ein Roboter auch."*

Nun fragt die Freundin z.B.: *„Was machst du denn noch?" – „Na ja, ich helfe ihnen auch bei den Hausaufgaben." – „Aha, du hilfst ihnen bei den Hausaufgaben. Das kann der Roboter nicht. Was machst du noch?" – „Naja, ich tröste sie, wenn sie traurig sind." – „Aaah …, was noch?" – „Na ja, ich helfe ihnen natürlich, wenn sie Probleme haben …" – „So so. Was noch?"*

Im Fallbeispiel führte SELIGMAN so ein ähnliches Gespräch mit Lydia. Deshalb wurde ihre *Gegen-Liste „gute Mami“* in diesem Gespräch ständig länger. Und auf einmal sah die Sache ganz anders aus.

Der letzte Schritt ist sehr spannend. SELIGMAN spricht vom sogenannten *De-* oder *Ent-Katastrophieren.* Sie wissen, was eine ***Katastrophe*** ist.

Schritt 4: Strategie De-Katastrophieren!
Wenn wir uns selbst schlimme Dinge über uns erzählen, z.B. „ich bin unmöglich“ (gemeint ist: immer!), dann **katastrophieren** wir.

GLOBAL NEGATIV

Es handelt sich um eine **globale negative Aussage**, und wir denken: *In diesem Punkt wird sich die Welt* ***nie*** *ändern, weil* ***ich*** *in dem Punkt* ***nicht-ok*** *bin. Damit versaue ich mir den Rest meines Lebens.* Das wollen wir jetzt aber ändern, wir wollen also einen Weg aus dieser Art von **Katastrophen-Denken** finden.

Im Fallbeispiel stellte Lydia letztlich fest: sie ist ein totaler **Morgenmuffel**. Das heißt, früh morgens ist sie **vollkommen unfähig** zu kommunizieren. Da nerven sie die Kinder „ohne Ende“. Da nervt sie **alles**, auch ihr Mann. Aber der hat schon lange gelernt, sie früh in Ruhe zu lassen, nur die Kinder (derzeit acht, zehn und zwölf Jahre alt) stellen morgens ihre Ansprüche an das „Hotel Mama“. Aber vielleicht könnten diese Kids doch langsam lernen, selbst Frühstück zu machen? Mittags oder nachmittags ist Lydia ja eine **tolle Mami**, wie sie inzwischen auch weiß, dank des vierten Schrittes, des **De-Katastrophierens!**

Aber das mußte sie erst begreifen, was ihr zunächst nicht leicht fiel, denn sie war es ja gewöhnt, zu katastrophieren. **De-Katastrophieren** bedeutet in diesem Fallbeispiel von Lydia: Sie lernt, statt **global negativ** *(„Immer ich bin eine miese Mami“)* **spezifisch negativ** zu beschreiben: **Morgens** bin ich eine miese Mami. Den Rest des Tages bin ich eine wunderbare Mutter …

spezifisch negativ

Na, welchen **global negativen** Satz Ihres Lebens möchten Sie vielleicht einer ähnlichen Prüfung unterziehen?

Sichtweisen

Das Wort „Sichtweise“ drückt aus, daß wir Dinge auf eine bestimmte Art und Weise sehen. **Welche Sichtweise** wir wählen und **wie** wir die Dinge dann sehen, liegt meist an uns. Unsere spezielle Sicht der Dinge spiegelt aber nicht die Welt wieder, wie sie objektiv und wirklich ist (siehe auch Beitrag: Beobachtereffekt, S. 31 ff.), sondern vielmehr wie wir **meinen**, daß sie ist. Es ist gut zu wissen, daß Sichtweisen etwas sehr persönliches und subjektives sind.

Es könnte sich lohnen, einmal die eigenen Sichtweisen anzuschauen und darüber nachzudenken, in welches Licht sie unsere Welt tauchen.

Sichtweisen können das Leben erleichtern aber auch unnötig erschweren. Es hängt nur von Ihren Standpunkten ab. Wenn Sie z.B. meinen, jemand ohne Geld hätte in dieser Welt keine Chance und Sie haben kein Geld, dann werden Sie nur Dinge sehen, die Sie in dieser Sicht bestätigen. Die Chance, dass Sie mit **dieser** Sicht erfolgreich werden, ist gering. Wenn Sie dagegen den Standpunkt einnehmen, die Welt sei voller Möglichkeiten für jeden, dann haben Sie erheblich bessere Chancen, etwas zu entdecken, oder zu erfinden was Sie erfolgreich macht!

Glücklicherweise können wir über unsere Sichtweisen nachdenken und sie auch wirklich verändern.

Jede einzelne Persönlichkeitsentwicklung beginnt mit der Entdeckung neuer und der Veränderung alter Sichtweisen. Man kann mit Sichtweisen auch spielen. Wir möchten Ihnen ein kleines Experiment vorschlagen: Suchen Sie sich in Sache, einfach einmal einen anderen, für Sie neuen Standpunkt aus. Zum Beispiel tun Sie mal so, **als ob** alle Mitmenschen nur Ihr Bestes und Ihnen in jeder Beziehung hilfreich zur Seite stehen wollen.

Beobachten Sie nach einigen Tagen, ob sich bei Ihnen, Ihrer Umgebung, oder bei Ihren Mitmenschen etwas geändert hat.

Talent-Portfolio

Jeder von uns wurde mit einem GENETISCHEN POTENZ-ial geboren, das weit größer ist als das, was unsere Erziehung daraus gemacht hat. Ich habe an anderen Stellen darüber gesprochen, und will hier deshalb nur betonen: Es ist möglich, nicht wegen sondern trotz Erziehung herauszufinden, wozu uns unser GENETISCHES POTENZ-ial prädestiniert (vorbestimmt) hatte. Wem dies gelingt, der kann sich von der anerzogenen „Norm“ weg so entfalten, daß er dem Ideal eines „wahren homo sapiens“ wesentlich näher kommt als die „normalen“ Menschen.

In meinen Büchern *Der Birkenbihl-Powertag, Stroh im Kopf?, Stichwort Schule* und *Sprachenlernen leicht gemacht* finden Sie ebenfalls diesen Ansatz, der hier noch weiterentwickelt wird.

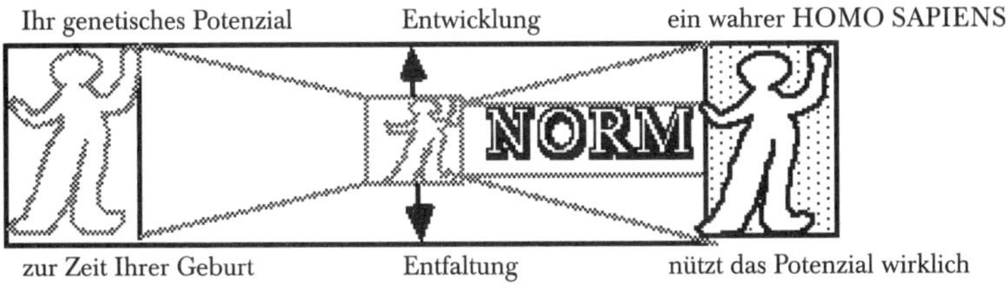

POTENZ-ial entfalten

Welche Aspekte Ihres genetischen POTENZials sind besonders entwicklungs- und ausbaufähig? Um dies herauszufinden, schlage ich Ihnen eine **Vorbereitung** plus eine **einfache 6-Schritt-Inventur** vor.

Der ganze Prozeß dauert insgesamt mehrere Wochen, wobei die Vorbereitung so gut wie keine Zeit erfordert (da sie weitgehend „nebenher“

bzw. beim Fernsehen abläuft). Hinzu kommt die Spielregel, daß die „Sitzungen" der sechs Schritte jeweils **kurz sein sollen**.

Diese Technik habe ich bereits in meinem Beitrag zu *Meilensteine zum Erfolg* vorgestellt. Hier finden Sie die verfeinerte und überarbeitete Variante.

Gehen Sie es also ganz gemächlich an. Nachdem Sie möglicherweise seit Jahren oder Jahrzehnten nicht genau wußten, worin Ihr GENETISCHES POTENZ-ial besteht (das Sie zu dem ganz eigen-ART-igen Individuum macht, das Sie sein könnten), wird es auf einige Wochen mehr oder weniger wohl auch kaum ankommen, oder?!

Die 6-Schritt-Inventur

Vorbereitung: Sammeln Sie einige Wochen lang Tätigkeiten, zum Beispiel, wenn Sie **fernsehen**, und die Personen im Film führen eine Handlung durch, dann **listen Sie diese Tätigkeit auf**. Am besten sammeln Sie diese auf kleinen Karteikärtchen (oder kleinen Zettelchen, die Sie sich selbst zurechtschneiden können). Sie tragen nämlich pro Zettelchen oder Kärtchen nur eine Tätigkeit ein, damit Sie Ihre „gesammelten Werke" später nach verschiedenen Gesichtspunkten sortieren können!

Schritt 1: **Sortieren Sie die Tätigkeiten nach Kategorien** (z.B. Haus- und Küchenarbeit, Büro-Tätigkeiten, Reisen und Autofahren, Gespräche und Verhandlungen, Sport und Spiel usw.).

Schritt 2: Tragen Sie die nach Kategorien sortierten Tätigkeiten in Listen ein, z.B. das Wort jeweils am linken Rand, daneben die Linie. Sie stellt ein **Spektrum von 100 % (perfekt!) bis Null Prozent** (das kann ich überhaupt nicht) dar.

	100 %	0 %
eintippen		

Schritt 3: Nun fragen Sie sich: Wie gut kann ich das? (Kann ich das gut, weniger gut? usw.) Nach einigen Tagen oder Wochen wissen Sie, was Sie **gut** können.

Beispiel: Wie gut können Sie Texte erfassen (in eine Tastatur eingeben bzw. eintippen)? Wo würden Sie Ihr Kreuzchen eintragen? (Bei 100 %, 75 %, 40 %, weniger?)

Schritt 4: Nehmen Sie einen **blauen** Stift, und malen alle Tätigkeiten an, die Sie **GUT** können.

Schritt 5: Nehmen Sie einen **roten** Stift, und malen Sie alle „blauen" Tätigkeiten an, die Sie **auch gerne** machen. Denn es sind Tätigkeiten, die Sie **lieben**, die Sie erfolgreich machen werden. Ihre größten Erfolge basieren immer auf Aktivitäten, welche auf Handlungen und Tätigkeiten basieren, die Sie sowohl **GUT als auch GERNE** durchführen.

Betten machen dürfte bei vielen Menschen als „gut" aber „nicht gerne" eingestuft werden.

Schritt 6: **Überprüfen Sie Ihre** (bisherigen, derzeitigen und zukünftigen) **Ziele**: Vergleichen Sie, wie viele dieser Ziele es Ihnen ermöglichen, möglichst häufig vorwiegend die Dinge zu tun, die Sie sowohl **GUT** als auch **GERNE** ausführen, für die Sie also **GENETISCH prädestiniert** (vorherbestimmt) sind.

Vgl. den Beitrag *Arbeitslos,* S. 14 ff.

Falls Sie noch keine großen Ziele festgelegt haben, nehmen Sie diese Inventur-Ergebnisse **von Anfang an** als **Entscheidungsgrundlage** und ersparen Sie sich viel Leid. Die meisten Leute wissen nämlich weder, was sie besonders gut können (meist durch zuviel Kritik im Rahmen der sogenannten Erziehung), noch wissen sie, welche Ziele sie anstreben wollen. Sie aber können beides in Erfahrung bringen, wenn Sie wollen. Wollen Sie?

Transformation

Man muß nicht die Welt verändern, um sich gut zu fühlen. Oft genügt es schon, eine andere Haltung oder Sichtweise einzunehmen, um die Dinge anders auf sich wirken zu lassen.

Ein Beispiel: Angesichts der Größe und Leere des Weltalls kommen sich manche Menschen klein und unbedeutsam vor wie eine Ameise.

Nun möchten wir Ihnen noch eine andere Sichtweise anbieten: Wenn Sie Ihren Blick schweifen lassen, dann sehen Sie überwiegend Materie. Deshalb denken die meisten von uns, der bisher erforschte Kosmos bestünde weitgehend aus Materie. Nun sagen uns aber Wissenschaftler, daß der Großteil des Kosmos leerer Raum ist und daß die wenige Materie sich wie folgt aufteilt: Sie ist weitgehend *anorganisch.* Nur der geringste Teil ist *organisch.*

Von dem wenigen Organischen ist der geringste Teil *organisch mit Bewußtsein.* Davon wiederum ist der kleinste Teil *organisch mit Selbstbewußtsein.*

Somit ist Selbstbewußtsein so selten und so wertvoll wie ein funkelnder Diamant!

Herzlichen Glückwunsch!
Das sind Sie!

Sie genießen das besondere **Privileg**, zu dem zu gehören, was in diesem Kosmos am seltensten vorkommt und mit am höchsten entwickelt ist!

Welche der beiden Sichtweisen gefällt Ihnen besser? Möchten Sie sich lieber als Ameise sehen oder lieber als Diamant?

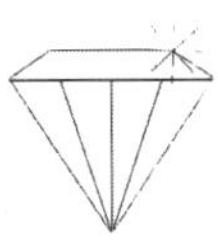

Eine einfache **Veränderung** der Betrachtungsweise kann einen entscheidenden Einfluß auf Ihr Selbstbild und auf Ihre Gefühle haben.

Die Möglichkeit der Transformation können wir auf alles anwenden, was in unserem Leben auftaucht.

Hier noch ein Beispiel, wie Sichtweisen unser Leben beeinflussen können:

Der SPIEGEL (N° 768, 1995) berichtet von zwei deutschen Frauen, die bei Kriegsende von russischen Soldaten vergewaltigt worden waren („Kinder der Schande“).

Die erste Frau brachte einen Jungen zur Welt und betrachtete sowohl die Vergewaltigung als auch die Geburt als die größte Katastrophe und Schande ihres Leben und gab in ihrem Unglück das Kind zur Adoption frei. Der Junge lebte ein Leben auf der Suche nach seiner Mutter, die jeden Kontakt zu ihm verweigerte. Sein Leben und das seiner Mutter verliefen voller tiefer Schuldgefühle und Verzweiflung.

Bei der zweiten Frau verlief die Sache ganz anders. Ihr weiteres Leben verlief voller Glück und Zufriedenheit, und die Tochter, die von ihrer Mutter mit aller Liebe großgezogen wurde, reifte zu einer glücklichen Frau heran.

Was machte den Unterschied?

Trotz der Umstände, die zur Geburt der Tochter geführt hatten, fand ihre Mutter zu einer lebensbejahenden Haltung, ohne Scham und Schande.

Als diese Mutter ihre Tochter geboren hatte, sagte sie sich: *„Rußland hat mir zwei Brüder genommen und Rußland hat mir eine Tochter geschenkt!“*

Es erhebt sich natürlich die Frage, inwieweit die jeweilige Einstellung der beiden Mütter zu diesen so verschiedenen Lebenswegen beigetragen hat.

Wir haben immer die Freiheit, Sichtweisen zu wählen, die es uns ermöglichen, Ereignisse unseres Lebens und Erinnerungen an die Vergangenheit so zu **transformieren**, daß wir mit ihnen besser leben können.

TV-Gewohnheiten beim Sehen

Es gibt inzwischen eine Reihe von Forschungsergebnissen, die zeigen, wie gefährlich das Fernsehen sein kann. Trotzdem können wir von diesem Medium profitieren, wenn wir die Knackpunkte kennen und unser Seh-Verhalten dementsprechend modifizieren. Doch beginnen wir zunächst bei den Gefahren:

Dies diskutiere ich ausführlicher in *Das neue Stroh im Kopf?,* ab der 36. Auflage.

1. Das menschliche Auge ist Teil des Gehirns. Das bedeutet, daß visuelle Einflüsse besonders starke Aus-WIRK-ungen auf uns, unser Wohlbefinden, unsere Fähigkeit (klar oder kreativ) zu denken usw. haben.

2. Das Auge ist ein Organ, das Bewegung in der Welt registrieren soll (im Gegensatz zum Innenohr, wo sich der Monitor für unsere eigenen Körperbewegungen im Raum befindet). Zwar kann unser Auge auch Dinge erfassen, die sich nicht bewegen (vgl. Lesen), aber in solchen Fällen bewegen wir unsere Augen (z.B. über die Zeilen).

3. Das Auge ist von der Konstruktion her darauf angelegt, häufig zwischen „nah" und „weit" zu wechseln. Deshalb sollte man beim Lesen alle paar Minuten die Augen vom Text „erheben" und in die „Ferne" schweifen lassen. Wenn es schon keinen echten (weiten) Horizont gibt, dann sollte man doch zumindest kurz (ca. fünf Sekunden lang) in die entfernteste Zimmerecke blicken. Dies beugt nicht nur Seh-Problemen vor, sondern es ist eine Mini-Pause für Ihr Ge-

hirn. (Wenn Sie gedanklich „am Thema“ bleiben, ergibt sich dabei keinerlei Zeitverlust.)

4. Wenn wir stehende Bilder betrachten, dann bewegen sich unsere Augen über das Blatt oder (bei Dias) über die Leinwand, was beim Fernsehen jedoch nicht geschieht, weil sich ja das Bild bewegt. Durch das ständige STARREN auf einen relativ kleinen Seh-Bereich kommt es zu einem Trance-Effekt, der neuro-physiologisch dem Zustand einer Hypnose gleichgesetzt werden kann. Dies wiederum bewirkt, daß ein Teil der Informationen am „wachen Zensor“ (des Bewußtseins) „vorbeirauscht“ (was ja bei der Heil-Hypnose ausdrückliches Ziel ist). Der TV-„Konsument“ kann natürlich über Informationen, die er nicht bewußt registriert hat, auch nicht „bewußt“ (kritisch, analytisch oder kreativ) nachdenken! Außerdem geht dieser „Trance“-Zustand mit Alphawellen im Gehirn einher, ähnelt also leichten meditativen Zuständen, die jedoch wegen des ständigen Wechsels (Szenen, Lautstärke usw.) nicht „sauber“ aufrechterhalten werden können. Dies wiederum löst eine Art von „Gehirn-Lähmung“ aus. Deshalb klagen Leute, die viel fernsehen, regelmäßig über Müdigkeit, Schlappheit, Konzentrationsstörungen u.ä. Probleme.

Diese Probleme ergeben sich interessanterweise im Kino **nicht**.

Nun erhebt sich die Frage: Wie können Sie gegensteuern?

1. Sehen Sie **nur selektiv** (vorab ausgewählte) Sendungen!
2. Wenn es Sie drängt, herumzu-ZAPP-en, dann benutzen Sie Ihre Intelligenz, um die **Aus-Ta-**

ste zu drücken! Merke: Zeiten, die man totschlägt, wurden ermordet!

3. Schneiden Sie wichtige Beiträge/Informationen auf **Video** mit, **bevor Sie sie sehen**. Dieses Vorgehen hat folgende zusätzliche Vorteile:
   - Bei langweiligen Passagen können Sie vorspulen.
   - Sie können sämtliche Werbespots überspringen.
   - Sie können das Band jederzeit kurz anhalten, wenn z.B. der Name einer Person zu kurz eingeblendet worden war oder wenn Sie merken, daß Sie eine Erklärung nicht ganz verstanden haben (weil der Trance-Effekt eingetreten war).
   - Sie können jederzeit unterbrechen (wenn z.B. ein Familienmitglied einen Gesprächspartner braucht), somit können Sie trotz Fernsehen Ihr soziales Umfeld besser managen – gemäß Ihren eigenen Prioritäten (dann können Menschen wieder wichtiger als das Fernsehprogramm werden, weil man ja absolut nichts versäumt, wenn es auf Video festgehalten wurde)!
4. **Sehen Sie maximal 30% der Zeit auf die Mattscheibe**. Dies verhindert den Trance-Effekt und bietet Ihnen einen weiteren Vorteil: Je mehr Bilder Sie angeboten bekommen, desto weniger Vorstellungen müssen Sie selbst „anfertigen“, d.h., Sie trainieren die immens wichtige Fähigkeit zu visualisieren (die beim normalen Fernsehen völlig „vor die Hunde“ geht). Dies aber ist eine der Hauptursachen für Probleme beim Hören (in Gesprächen) sowie beim Lesen …

Meist ist man selbst sein schlimmster „Zeitdieb“. Anstatt gezielt aktiv zu werden, läßt man sich berieseln und schiebt alles andere immer weiter auf.

Bitte beachten Sie: Gerade, was den letzten Punkt angeht, profitieren Sie von der Videoaufzeichnung. Sie wagen es weit besser, gezielt wegzusehen und eigene Vorstellungen zu „basteln“, wenn Sie wissen, daß Sie im Zweifelsfall später doch gucken könnten. So können auch Menschen zu trainieren beginnen, denen es eingangs noch schwer fällt, mehr „Radio zu spielen“ und sich die Bilder selbst zu machen.

Während **das Fernsehen** das Leben der meisten TV-Opfer eher ärmer gemacht hat, kann es **für Ihr Leben** (wieder) eine echte Be-**REICH**-erung darstellen! Es liegt nur an Ihnen, ob Sie als passive Couch-Kartoffel herumsitzen oder selbst Regisseur spielen wollen …

Veränderung/Loslassen

Jedem Menschen, der schon einmal ein Problem hatte und über Lösungen nachgedacht hat, wird aufgefallen sein, wie schwer es ist, **wirklich** etwas zu **verändern**. Woran liegt das? In der Regel mag man das Problem nicht und vergißt dabei etwas ganz Entscheidendes:

„Jedes Problem, das du hast und nicht haben willst, wird schlimmer."

(Henning VON DER OSTEN, ALPHA-Sendung zum Thema „Zeit")

Auch der Versuch, das Problem weit von sich zu schieben, um es zumindest nicht mehr dauernd vor Augen zu haben, wird es nicht lösen. Es gibt nur eine Möglichkeit, etwas an seinem Problem zu verändern: Man muß es loslassen.

Der Erfolgstrainer René EGLI hat uns beschrieben, was Loslassen eigentlich bedeutet:

*„Was ist **Loslassen** und warum ist es so wichtig? Wenn wir einen Pfeil haben und einen Bogen nehmen und diesen (Pfeil) ins Zentrum einer Zielscheibe befördern wollen, müssen wir zunächst zielen, dann den Bogen spannen, und dann – jeder weiß es, was er dann noch tun müßte – er müßte den Pfeil loslassen. Dann würde der Pfeil ins Ziel sausen. Das weiß jeder Mensch. Aber wir machen genau das in unserem Leben **nicht**. Wir zielen – es gibt ja unzählige Ziele – wenden Energie auf, spannen den Bogen und dann laufen wir zu Fuß auf das Ziel zu und stecken den Pfeil mit der Hand in die Zielscheibe. Absolut unlogisch und unökonomisch dazu. Warum lassen wir den Pfeil nicht los? Weil wir nicht wissen, was Loslassen heißt. Wir wollen ständig den Ist-Zustand – den Pfeil – festhalten. Weil wir nicht wissen, wie Loslassen geht. Einen Ist-Zustand kann ich nur loslassen, wenn ich ihn schlicht und einfach **akzeptiere**. Wenn ich dagegen kämpfe, blockiert er. Nur wenn ich den Ist-Zustand **annehme**, kann ich ihn loslassen. Was heißt das aber, den Ist-Zustand zu akzeptieren? Den Ist-Zustand zu akzeptieren heißt ganz einfach, das Leben so zu akzeptieren, wie es jetzt gerade ist. Nur wenn ich das mache, kann ich die Veränderung – den Soll-Zustand – erreichen."*

(Aus der ALPHA-Sendung zum Thema „Erfolg")

Haben Sie derzeit ein „pfeilartiges Problem“ in Ihrem Leben, welches Sie durch krampfhaftes Festhalten des Pfeils einfach nicht in Ihr gewünschtes Ziel bringen können?

Verantwortung

Wir möchten Sie zu einem faszinierenden Denk-Experiment einladen, das allerdings etwas Mut erfordert. Wagen Sie es, diesen Beitrag zu lesen und über jeden einzelnen Gedanken nachzudenken, auch wenn es vielleicht (eingangs) schwer fallen könnte?

Wir möchten Ihnen folgenden Vorschlag machen:

Versuchen Sie einen einzigen Tag lang, Verantwortung zu übernehmen für **alles,** das Ihnen in Ihrem Leben begegnet.

Nur einen einzigen Tag!

Man könnte jetzt einwenden: Warum soll ich auch für Dinge Verantwortung übernehmen, für die ich gar nicht verantwortlich bin? Wir sprechen aber nicht von „verantwortlich" im Sinne von „schuldig".

Verantwortung hat nichts mit Schuld zu tun, Verantwortung hat nur mit Verantwortung zu tun.

Verantwortung zu übernehmen ist eine innere Haltung. Es ist eine kraftvolle Haltung, die es Ihnen ermöglichen wird, zu handeln. Erst wenn wir uns für etwas **zuständig erklären**, können wir anfangen, an den Zuständen etwas zu verändern.

Wann immer Sie Verantwortung übernehmen, hören Sie auf, **Opfer** zu sein. Ein Beispiel: In einer Beziehung funktioniert es nicht mehr richtig. Auseinandersetzungen sind an der Tagesordnung, jeder schiebt dem anderen die Schuld an dieser Situation zu. Jeder glaubt, Recht zu haben, und sieht keinen Grund, nachzugeben. Was glauben Sie würde sich ändern, wenn einer der beiden **alleine** die Verantwortung dafür übernehmen würde, daß es in der Beziehung wieder besser funktioniert? Ohne vom anderen etwas Spezifisches zu verlangen oder zu erwarten; ohne darauf zu beharren, daß die eigene Sichtweise die einzig richtige sei. Vielleicht muß diese Person dazu etwas von ihrem Stolz und ihrer Rechthaberei aufgeben. Was meinen Sie? Könnten Sie sich vorstellen, daß sich die Chance, die Situation zu verbessern und zu entspannen, nun vergrößert? Kann der andere Partner die Veränderung in der Haltung des ersten spüren? Wird er deshalb seinerseits auch etwas mehr lockerlassen können?

Könnte es sein, daß dadurch wieder Bewegung in die festgefahrene Situation kommt?

Der Schweizer Erfolgstrainer René EGLI hat in einer ALPHA-Sendung erklärt, warum wir nicht erfolgreich sein können, wenn wir uns vor Verantwortung drücken:

„Wenn man sagt, ein anderer ist verantwortlich für eine Situation – die Regierung ist schuld, meine Frau ist schuld, das Wetter ist schuld – findet man immer tausend Ausreden, daß etwas nicht funktioniert. Wenn jemand in seinem Leben erfolgreich sein will – das gilt für jeden Bereich – führt kein Weg vorbei, die totale Verantwortung zu überehmen für sein ganzes Leben.

Denn was passiert denn, wenn ich allen anderen die Schuld für meine Situation gebe: Es geht die Verantwortung weg. Aber es geht noch etwas ganz anderes weg: Ich gebe Macht ab und mache mich zum Opfer. Und wie will ich erfolgreich werden, wenn ich mich ständig zum Opfer mache. Dann bin ich ja ein schwacher, hilfloser Spielball von irgendwelchen Leuten und Dingen, auf die ich wenig Einfluß habe. Will ich ein zufriedenes, erfolgreiches und glückliches Leben führen, führt also kein Weg daran vorbei, die totale Verantwortung für mich, mein Leben und alles, was mir geschieht, zu übernehmen.“

Aus der ALPHA-Sendung
zum Thema „Erfolg“

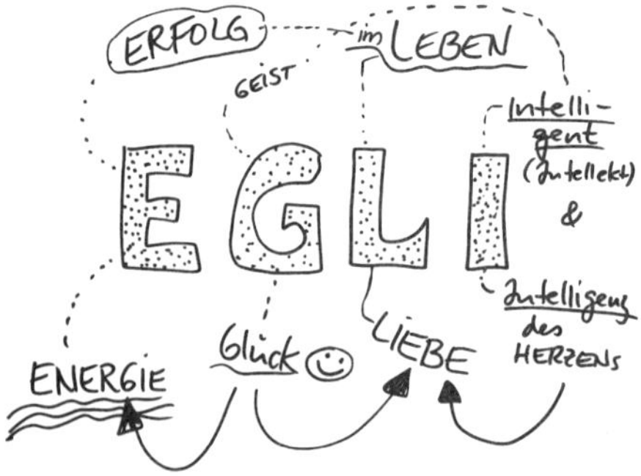

Was Ihr bekämpft ...

Der folgende Denk-Ansatz hat seine Wurzeln in der sogenannten humanistischen Psychologie. Um dies zu verstehen, müssen wir uns kurz an Sigmund FREUD (und direkte Nachfolger) erinnern. Eine der grundsätzlichen Annahmen der klassischen Psychoanalyse besagte: Die Mechanismen eines kranken/gestörten Geistes zeigen uns, wie ein gesunder Geist funktioniert, nur daß bestimmte Aspekte beim Kranken überzogen ausgeprägt sein werden. Also studierten wir einen Paranoiden (jemanden, der meint, die ganze Welt sei gegen ihn) und schlußfolgerten, alle Menschen seien mißtrauisch und würden unter Druck „echt paranoid" reagieren. Somit **leitete sich das Menschenbild von Kranken ab!** Diese Annahme hat uns zwar so manche wertvolle Einsicht in die menschliche Psyche geliefert. Trotzdem verleitete sie uns dazu, unsere **Aufmerksamkeit** vornehmlich auf **gestörte, fehlerhafte, kranke Aspekte** (z.B. die Verteidigungs-Mechanismen der Psyche) **zu lenken**. Das störte Prof. Abraham MASLOW, deswegen strebte er ein anderes Vorgehen an. Er fand heraus:

Zwar handeln/reagieren Menschen
oft defensiv oder aggressiv, aber:
Den Menschen wohnt ebenfalls
ein tiefes Bedürfnis inne,
zu wachsen, sich zu entwickeln,
sich einer Sache total zu verschreiben,
sich kompetent zu fühlen
und ihre Talente und Anlagen
optimal zu entfalten.

Falls es Ihnen so geht, wie einigen (wenigen!) meiner Seminar-Teilnehmer/innen, daß Ihnen diese Einsicht MASLOWs unwahrscheinlich vorkommt, **dann** empfehle ich Ihnen **die Strategie in dem Kasten**, um Ihre innere Haltung relativ objektiv zu **überprüfen**:

Gerade diese erste, spontane Reaktion ist sehr interessant; darum sollten Sie hier noch nicht erklärend zur Seite stehen können.

Fotokopieren Sie die Aussage MASLOWs auf den oberen Teil eines Bogens und senden Sie diesen als Brief oder Fax an mindestens zehn Personen. Diese bitten Sie, Ihnen eine kurze erste spontane Reaktion darunter zu schreiben und das Blatt an Sie zurückzuleiten, ehe man Sie (z.B. telefonisch) zu diesem Thema ansprechen darf. Sie werden feststellen, daß die meisten Menschen sofort erkennen, welch tiefe Weisheit MASLOW beobachtet hat.

Wenn wir uns an den klassischen psychoanalytischen Ansatz erinnern, der Menschen an ihren Problemen und Krankheits-Symptomen mißt, dann verstehen wir, **wie bahnbrechend der Vorschlag von MASLOW** (einem der Mitbegründer der humanistischen Psychologie) war!

MASLOW ruft uns nämlich zu:

Hört auf, euch mit Menschen zu vergleichen,
die ***aus der Harmonie*** *(Eigen-Resonanz)*
geraten sind!

Lernt stattdessen, euch an einer ***erfolgreichen***
selbst-aktualisierenden
Persönlichkeit *zu messen.*

MASLOW widmete 40 Jahre seines Lebens der Frage: „Was ist eine selbst-aktualisierende Persönlichkeit?“ Inzwischen gelten seine Ergebnisse als wesentliche Grundlagen der modernen Psychologie!*

Wenn wir uns diesem Ansatz verschreiben, dann haben wir eine faire Chance für unsere Persönlichkeits-Entwicklung, denn **nun lenken wir unsere Aufmerksamkeit vornehmlich auf Aspekte des Wachstums.** Dies hilft uns, lebenslanges Lernen und eine Erweiterung unseres geistig-seelischen Horizontes (sowie unserer „**Insel**“) zu fördern, denn wir **stärken** immer und vollautomatisch **das, worauf wir unser Augenmerk legen**.

Vgl. den Beitrag *Insel-Modell – Können wir die Brücke bauen?*, S. 100 f.

Leider hat sich das jedoch noch immer nicht genügend herumgesprochen. Insbesondere die mutigen Bekämpfer all dessen, was sie in einen Topf werfen und als „Positives Denken“ diffamieren, haben es noch immer nicht begriffen:

Denken wir ständig an unsere Schwächen,
dann stärken wir diese!

Das klingt sicher verrückt, denn eigentlich wollen wir unsere Fehler ja **bekämpfen**! In diesem Zusammenhang muß ich immer an eine alte esoterische Weisheit denken, die da lautet:

---

* Ein Portrait einer erfolgreichen Persönlichkeit, basierend auf den Vorstellungen von MASLOW und BERNE, finden Sie in meinem Taschenbuch *Der persönliche Erfolg*, das bereits 1973 zum erstenmal veröffentlicht wurde. (Damals waren diese Ideen hier noch weitgehend unbekannt. Heute referieren sie viele Autoren und Referenten, ohne die Arbeit dieser beiden Pioniere moderner Erfolgs-Psychologie jemals zu erwähnen, was ich bedauerlich finde …)

*Was Ihr bekämpft,
das macht Ihr stark.*

Denken Sie kurz nach:

Ein gutes Beispiel war früher die Prohibition in Amerika: Als (und weil!) der Alkohol verboten wurde, entwickelte sich ein gigantischer Schwarzmarkt sowie die Mafia (als Macht im Staate). Nun sagt die Esoterik auch, daß wir Fehler, aus denen wir nichts gelernt haben, solange wiederholen müssen, bis wir die Lektion kapiert haben. Dies gilt für Staaten wie für Individuen. Deshalb spielen die westlichen Länder seit vielen Jahren das Spiel des Drogen-KRIEGs. Die endlose Eskalation bringt immer nur die nächste Stufe der gegenseitigen „Aufrüstung“. Interessant ist auch, daß die Länder mit den striktesten Gesetzen den größten Preis bezahlen, weil sie den Feind ja am meisten stärken. Erstens haben sie die meisten Drogentoten, zweitens haben sie volle Gefängnisse (die wir alle mit unseren Steuern finanzieren), drittens ziehen sie die meisten Beamten von anderen Pflichten ab. So sinkt z.B. die Kriminalität in Vierteln, in denen Polizisten zu Fuß (oder langsam mit Fahrrad) patroullieren am meisten, wie England inzwischen weiß. Dort gibt es wieder die „altmodischen“ Bobbies.

Die Zahl der Fixer und Dealer wächst ständig, also die Zahl der Kriminellen, aber auch die der Kriminal-Beamten, und natürlich die der Drogen selbst. Es begann mit etwas Marihuana, Hasch, und LSD und hat sich heute in unendlich viele Designer-Drogen zersplittert.

Sie sehen: Was wir bekämpfen, das stärken wir. Ob es unsere sogenannten Schwächen sind, auf die wir uns konzentrieren, oder, im Sinne MASLOWS, unsere Stärken. Das, worauf wir unsere Kraft bündeln, wird, je wichtiger es uns ist, desto mehr zu unserer Vision, negativ wie positiv.

Aber positive Visionen sind eines der Erkennungszeichen der sogenannten **Winner-Persönlichkeit**: Wenn wir nämlich **MASLOWS Ergebnisse** mit Studien über Erfolgreiche kombinieren, dann stellen wir fest: Erfolgreiche Menschen haben ihr Ziel immer klar vor Augen. Daher ist **eine** der höchsten Prioritäten erfolgreichen Strebens, daß Sie Ihr Ziel klar sehen können, bevor Sie sich auf die Reise dorthin begeben. Dies gilt für praktische Ziele, wie einen Hausbau. Aber es gilt genau so für **Entwicklungs-Ziele**, wenn Sie **persönliches Wachstum** anstreben.

Angenommen, Sie haben eine klare Vision, wohin Sie sich entwickeln wollen, dann wird Ihr Ziel zu einer sonnigen Küste, auf die Sie gezielt zusegeln können.

Der Satz *Was Ihr bekämpft, das macht Ihr stark* ist so wichtig, daß ich ihn, leicht abgewandelt, hier wiederholen möchte:

Die Schwächen, die Ihr ***bekämpft****,*
macht Ihr ***durch Euren Kampf*** *stark!*

Inzwischen dürfte es Ihnen ziemlich klar sein: Eine Schwäche bekämpfen heißt, daß wir ständig daran denken. Dies aber leitet ständig wertvolle Energien, also **Kraft in diesen Kampf**, und genau dadurch **stärken wir den „Feind“**, den wir **schwächen wollten**. Beispiele:

- **Der Vorzeige-Effekt:** Wenn wir jemandem etwas „vorführen“ wollen, ist die Chance, einen Fehler zu machen, umso größer, je nervöser wir sind, je intensiver wir also an be-

bitte umblättern

stimmte Schwächen denken, die wir noch haben und derzeit noch intensiv bekämpfen!

- **Wenn Sie sehr viel Geschirr vom Tisch nehmen** und ein Mitmensch merkt, wie Sie sich anstrengen, weil Sie die Panne für „vorprogrammiert" halten, dann reicht in der Regel ein sanftes: „Laß ja nichts fallen ..." und schon passiert es.
- **Jedes große Sport-Ereignis beweist uns**, wie **selten** Sportler (ohne Chemie!) zu ihrer Höchstform auflaufen, wenn sie ständig an die Pannen denken, die sie mental intensiv bekämpfen. Darum tun sich die Newcomer so leicht, wie der Teenager Boris BECKER damals, die sich aus der Gruppe „ferner liefen" in die Top Twenty schieben, dann die Top Ten erreichen, und plötzlich geht es um die ersten Plätze. Solange man von dem Einsteiger noch nicht viel erwartet, konzentriert sich niemand auf die Fehler, die er machen könnte. Weder er, noch sein Trainer, noch die Presse, noch das Publikum. Alle sind erstaunt über jeden guten Schlag und lenken ihre gesamte Aufmerksamkeit auf die Momente, in denen es klappt! Bis er kein „Neuer" mehr ist. Dann geht es bergab.

Viele Profis freuen sich daher oft ganz besonders, wenn es ihnen gelang, ihre eigene Bestleistung zu überbieten! Das zeigt, daß es ihnen heute gelang, sich auf ihre Stärken zu konzentrieren und dadurch diese zu stärken!

- **Jede Prüfung zeigt uns denselben Effekt.** Gerade bei Prüfungen wissen wir, daß hinterher die Fehler rot angestrichen, gezählt und schlecht benotet werden. Also worauf konzentrieren wir uns? Also ist es kein Wunder, daß so viele Menschen an „nervöser Prüfungsangst" leiden (nicht zu verwechseln mit jenen, die nichts gelernt haben und demzufolge berechtigte Panik erleben).

- **Jede Rede, die jemand hält, weil er „muß".** Einer Umfrage in den USA zufolge fürchten die Menschen sich mehr davor, eine öffentliche Rede halten zu müssen, als vor dem Tod. Wir sagen ja auch nicht von ungefähr, wir hätten eine „Todesangst" davor, vor Publikum aufzutreten. Aber warum? Weil wir ein Fehlerchen machen könnten, deshalb. Und nun konzentrieren wir uns so sehr darauf, eben diesen Fehler zu vermeiden, daß wir ihn krampfhaft produzieren (was uns wieder einmal beweist, daß wir unfähig sind) …

Vgl. den Beitrag *Peinlich?*, S. 153 ff.

Also, ziehen wir unsere Lehre:

Die **Stärken**, auf die Ihr Euch konzentriert, die macht Ihr **durch Eure Achtsamkeit** stark!

Manchmal wird dies mißverstanden: Ich behaupte natürlich **keinesfalls**, wir sollten unsere Schwächen **nicht** analysieren und einen Schlachtplan für den **Kampf für die Verbesserung** aufstellen. Lassen Sie mich am Beispiel eines Managers, den ich coache (dessen Frage die Grundlage für diesen Abschnitt ist), aufzeigen, wie Sie Ihre Energien lenken sollten: Er hatte extremes Lampenfieber und mußte trotzdem regelmäßig **Präsentationen** vor Kundengruppen übernehmen, weil sein Chef, dessen Aufgabe dies war, selbst „Schiß hatte" und immer kniff.

Er berichtete, daß er mit seinem Hauptfehler nicht klarkäme und daß die Angst davor seine Nervosität extrem steigerte. Er empfand seine dialektische Färbung als seine größte Schwäche. Selbst nachdem er mit einem Schauspiel-Coach gelernt hatte, ziemlich gutes Hochdeutsch zu sprechen, fiel er **bei Nervosität** in die Sprache seiner Jugend zurück. Damit aber begann der prognostizierbare Teufelskreis: Weil er Angst hatte, er könnte nervös werden und Dialekt sprechen, lenkte er Kraft in diese Angst und stärkte sie dadurch. Natürlich erschien ihm meine Argumentation zunächst völlig „daneben" und verrückt (weg-gerückt von der Norm), denn **er hielt ja seine Schwäche für das Grundübel**, nicht seine Angst vor dieser Schwäche.

Dieser Manager hat eine Art, Menschen anzusehen und sich ihnen zuzuwenden, daß sie das Gefühl erhalten, sie seien ihm wirklich wichtig. Er hört sehr genau zu und geht exakt auf die Aussagen oder Fragen seiner Gesprächspartner ein.

Als ich ihn fragte, was er als seine größte Stärke sah, meinte er: Absolut keine. Ich widersprach, denn seine besondere Begabung liegt in seiner Herzens-Intelligenz, die heutzutage gerne als *soziale Kompetenz* beschrieben wird. Aus meiner Sicht ist er von allen seinen Kollegen **mit Abstand am besten geeignet**, mit kleinen Kundengruppen zu sprechen. Also schlug ich ihm folgende Doppelstrategie vor, von der wir inzwischen wissen, daß sie sich bestens bewährt hat:

1. Er hält nun die eigentliche Präsentation so kurz wie möglich und geht dann zu dem Teil über, in dem er brilliert, nämlich beim Eingehen auf Fragen und/oder Einwände. Dies macht er den Anwesenden mit einer Einleitung (s. Kasten) „schmackhaft".
2. Da letzte Eindrücke bleibende Eindrücke sind, erinnern sich die Leute an den „zweiten" Teil der Präsentation noch lange.

Sie sehen: Er konzentriert sich auf seine Stärke, so setzt er seine **Kraft für sie** ein und **für seine Kunden**, und damit gewinnen alle!

> Einleitung: Sehr geehrte Damen und Herren, es gibt brillante Redner und solche, die zwar die Sach-Kompetenz besitzen, aber ungern große Vorträge halten. Deshalb möchte ich Ihnen vorschlagen, daß ich Ihnen nur die Grundlagen erkläre, dann gehen wir über zum praktischen Teil, in dem Sie sowohl selbst ausprobieren als auch diskutieren können. Selbstverständlich werde ich gerne jede Frage beantworten, einverstanden?

Bitte überlegen Sie:

1. In welchen Situationen Ihres Lebens leiden Sie darunter, daß Sie Ihr ärgster Feind sind, weil Ihr innerer Kampf gegen Ihre „Schwächen" Ihren Erfolg erfolgreich vereitelt?
2. Mit welchen Menschen Ihres Vertrauens können Sie offen darüber sprechen? Oft wissen andere nämlich weit besser als wir selbst, wo unsere Stärken liegen, weil wir durch unsere Konzentration auf unsere (angeblichen) Schwächen blind und taub sind …

Übrigens ist dies eine der wesentlichen Funktionen eines Coaches.

Vgl. den Beitrag *Coach,* S. 41 ff.

Mein Vorschlag: Beginnen Sie mit klitzekleinen Situationen.

Weisheit im Werbespot?

In einem meiner Kolumnen-Beiträge erwähnte ich beiläufig, daß wir immer und überall auf wichtige und hilfreiche Gedanken stoßen könnten, wenn **wir** derzeit **reif** für sie sind – sogar in einem Werbespot. Diese Behauptung ließ einige meiner Leser/innen absolut nicht zur Ruhe kommen und ich erhielt (noch wochenlang!) eine Flut von Postkarten, Briefen, Faxen und e-mails mit dem Tenor: Wie kann irgend jemand jemals eine **wichtige** WEISHEIT irgend einer Art aus einem Werbespot ziehen?! Deshalb will ich heute zeigen, was ich damals meinte, nach dem Motto: Des einen Sch… kann sehr wohl des anderen Kompost sein!

Beispiel 1 – Have a cup of Yuban …

Vgl. den Beitrag *Meme – Chancen und Gefahren,* S. 131 ff.

Es geht um einen Kaffee! Wir schreiben das Jahr 1967 oder 1968; ich bemühe mich gerade verzweifelt abzunehmen, und eines meiner Hauptprobleme ist der Nachtisch. Ich war es einfach gewohnt, eine Mahlzeit mit einem Dessert abzuschließen, ohne dieses war es für mich einfach keine Mahlzeit, d.h. die **Kategorie Mahlzeit** (contra *Snack*) beinhaltete den Nachtisch – in meinem Kopf. Dies ist übrigens ein gutes Beispiel für ein Mem. Desweiteren spukte in meinem Kopf ein zusätzliches Mem herum: Du mußt mindestens eine richtige Mahlzeit pro Tag einnehmen. Da war ich nun, mit 19 ganz alleine nach USA „ausgewandert“ und versuchte, mein Leben zu managen. Wenn zu einem „guten Leben" eine richtige Mahlzeit pro Tag gehörte und diese kann nur mit einem Dessert abgeschlossen werden ... Und ein drittes Mem belastete meinen Kampf mit den Pfunden: Ein Nachtisch ist immer eine Süßspeise irgend einer Art (kann also z.B. kein Apfel sein). Wie viele Male kann man kalorienarme (typisch amerikanische) Jell-Os essen? Sie können sich vielleicht vorstellen, wie ich litt.

Und just zu diesem Zeitpunkt, als mein Problem einen neuen Höhepunkt erreicht hatte, **sehe ich diesen TV-Spot** für einen damals neu auf den Markt kommenden Kaffee, und er bietet mir eine Lösung.

Er zeigt eine Familie, die gerade mit dem Essen fertig wird. Mutti nimmt die leeren Teller weg und stellt ihrem Mann und ihren zwei Kindern **je einen Nachtisch** hin. Dann geht sie zum Herd und gießt sich eine Tasse Kaffee ein. Das alles läuft wortlos (mit Musik). Erst jetzt ertönt eine sympathische Männerstimme und sagt den Satz, der mein Problem löst, nämlich: *Have a cup of Yuban* ***for dessert!*** (d.h. Kaffee **als** Nachtisch!).

Seither konnte ich den Kaffee nach dem Essen als Nachtisch einstufen und alle drei Meme in meinem Kopf zufriedenstellen. Ich freute mich jedesmal, wenn ich jemanden Yuban trinken sah (und ich selbst trank ihn, bis ich Ende 1972 wieder nach Europa zurückkehrte).

Dieser Spot hat das Problem für unzählige Frauen gelöst, deshalb war er ja ein so großer Erfolg, daß man diesen Kaffee bald überall antraf.

Beispiel 2 – Die Macht eines einzigen Wortes!

Ein anderer Werbespot zeigte eine Mutter bei den Essensvorbereitungen (wobei sie natürlich beiläufig die beworbene Gefrier-Nahrung in den Backofen schiebt), während die Teenager-Tochter sich oben in ihrem Zimmer ihre Lieblingsmusik „reinzieht". Mehrmals ruft die Mutter, aber die Tochter tut so, als hätte sie es nicht gehört, bis der Tonfall der Mutter das Ende ihrer Geduld signalisiert, woraufhin sich die Tochter nach unten begibt und mißmutig Platz nimmt. Als sie den ersten Bissen probiert, sagt sie ein Wort zur Mutter, woraufhin diese in Ohnmacht fällt. Raten Sie bitte, was dieses Wort sein könnte ...?

Haben Sie wirklich kurz reflektiert, ehe Sie jetzt weiterlesen werden? Nun, das Wort, das zur Ohnmacht führte, lautete: „Danke". Diese arme Mutter hatte von ihrer Tochter alles erwartet (vor allem Kritik), nie im Leben aber das Wörtchen „Danke".

Dieser Werbespot drückt aus, wie unhöflich unsere Generation geworden ist! Wie selten wir dem anderen eine kleine Höflichkeit zukommen lassen. Auf der anderen Seite bedeutet dies jedoch auch: Wir können Menschen wirklich erstaunen, wenn wir ihnen regelmäßig – entgegen ihren Erfahrungen mit anderen Leuten – kleine Höflichkeiten („seelische Wohltaten") schenken. Beginnen wir vielleicht mit dem absoluten Minimum (regelmäßig „bitte"/„danke" einzustreuen) und lernen langsam, welche weiteren

Höflichkeiten unserem Charakter und Stil entsprechen ...

Beispiele 3 & 4 – You've come a long way ...

Die erste Frauenzigarette machte Anfang der 70er Jahre in den USA in einem optisch faszinierend gestalteten Werbespot klar, daß Frauen weit mehr Freiheiten hätten als noch vor einigen Jahrzehnten; daher der Slogan: **You've come a long way.** Dieser Slogan hat in mir zwei für mein Leben wichtige Gedankengänge ausgelöst:

You've come a long way bedeutet *Du hast es weit gebracht* ..., wörtlich: *Du bist einen langen Weg gekommen.*

1. Als ich die Redewendung (to have **come a long way**) ins Deutsche übertrug, wurde mir wieder einmal bewußt, wie **spannend** es sein kann, bestimmte Begriffe oder Idiome wörtlich (bzw. **beim Wort zu nehmen**.) **Dies hat mein Sprachbewußtsein geschärft und maßgeblich zu meiner systematischen Suche nach Bedeutungen-im-Begriff geführt.** Viele meiner Seminarteilnehmer berichten mir regelmäßig, wie sehr diese Wort-Spiele ihnen geholfen hätten, so manches denkerisch besser in den Griff zu bekommen; z.B. meine Interpretation des Begriffes ***HERAUS-Forderung,*** die uns aus alten Denk- und Verhaltensrillen HERAUS zwingt (sonst müßte es ja schließlich *HINEIN-Forderung* heißen), oder die Frage, ob *weiterkommen* unbedingt bedeuten müsse, daß man auf irgendeinem Weg **weiter** gekommen sei (siehe nächster Punkt) ...

2. Jedes Jahr, wenn ich **meine traditionelle Weihnachts-Inventur** vornehme, frage ich mich unter anderem, ob ich – auf das vergangene Jahr bezogen – **auch** sagen kann: ***I've come a long way.*** Stellen Sie sich vor, jemand müßte entdecken, daß er/sie im ganzen Jahr keinen einzigen Zentimeter **neuen** Boden erobert hat …

Vielleicht sind Sie der Meinung, **der Weg sei das (beste) Ziel**, so daß es **nicht** darauf ankäme, ob man in einem Jahr auch nur einen Zentimeter nach *vorne* weitergekommen sei. Menschen, die diese Meinung vertreten, ärgern sich manchmal über die Idee eines stetigen Fortschreitens, Voranschreitens, Nach-*vorne*-Gehens. Natürlich finde ich diese Haltung legitim. Aber bitte bedenken Sie, daß es **keinen Widerspruch** zu meiner Aussage von oben geben muß, denn: Auch Sie haben **Kriterien für ein „gut" gelebtes Leben** und werden **Ihren eigenen** Maßstab anlegen, wenn **Sie** Ihre Inventur vornehmen. Vielleicht soll Ihr Leben jedes Jahr ein wenig **tiefer** werden? Dann hieße *weiterkommen*: für Sie eben ein wenig *weiter* ***in die Tiefe*** *kommen.*

Egal, wie Ihre Prioritäten aussehen, ich bin sicher, daß allein das Älterwerden Ihnen **nicht** das Gefühl geben kann, Sie hätten sich weiter entwickelt, Sie seien geistig/seelisch gewachsen, Sie wären wieder einmal – *einen langen Weg gegangen/gekommen …*

Fazit

Ich hoffe, daß diese wenigen Beispiele Ihnen zeigen konnten, daß sogar ein Werbespot „Kompost" für hilfreiche Gedanken sein kann – wenn Sie soweit sind.

Wenn man für einen bestimmten Gedanken **reif** ist, dann ist es völlig egal, woher der hilfreiche Impuls stammen wird.

Es könnte ein Artikel in einem Reader's Digest auf der Toilette einer Freundin sein, in dem wir „nur mal so rumgeblättert haben", als unser Auge auf einen Absatz fiel und wir zu lesen begannen. Es kann ein Graffiti an der Wand im Aufzug sein, das wir heute zum 112. Male sehen und zum ersten Mal lesen und begreifen. Oder es kann ein Werbespot sein.

Wenn der Gedanke uns etwas be-**DEUTET**, weil er auf etwas für uns Wichtiges **DEUTET**, dann kann er uns als Wegweiser dienen. Und: Jeder Weg-WEIS-er enthält exakt soviel WEISheit, wie **wir** ihm **entnehmen wollen,** auch wenn dieser Wegweiser in einer Anzeige oder in einem Werbespot in Kino oder Fernsehen „steht" …

Welt als Spiegel?

Um von diesem Beitrag optimal zu profitieren, benötigen Sie einen **Stift**.

Haben Sie einen?

Worüber haben Sie sich in den letzten Stunden (Tagen) geärgert?

Was hat Sie aufgeregt (genervt)? Und: Sind Sie eher ein Fluchttyp (ziehen Sie sich beleidigt zurück und „fressen" Ihren Ärger „in sich hinein"), oder reagieren Sie kämpferisch (dann „mußten" Sie leider meckern oder andere angreifen)?

Haben Sie schon einmal einen Wellensittich vor einem Spiegel beobachtet? Da er nicht begreift, daß er sich selbst sieht, sucht er den Artgenossen, und dieses Spiel amüsiert uns als Betrachter.

Ärger über die Welt setzt eine Annahme voraus, nämlich, daß wir von dieser Welt „da draußen" getrennt sind. Wir nehmen die Welt (inkl. aller Mitmenschen) dann als „das Andere", das uns ge- oder mißfallen kann, wahr. Diese Sicht der Dinge ist uns genauso vertraut wie dem Vogel seine Umwelt.

Nun lautet eine der wichtigsten Ideen der Esoterik: **Die Welt ist unser Spiegel.** Weil wir das aber genauso wenig begreifen wie der Wellensittich, benehmen wir uns ähnlich wie dieser. Als Fluchttyp ziehen wir uns zurück, als Kampftyp bekämpfen wir diese Welt „da draußen". Wir kämpfen gegen Menschen, die ihre eigenen Belange höher einschätzen als unsere. Wir kämpfen gegen unsere Vorgesetzten, die regelmäßig auf unseren Fehlern herumhacken und viel zu selten loben. Wir kämpfen gegen unsere Mitarbeiter, die weit mehr leisten könnten, wenn sie wirklich wollten ... Wir kämpfen gegen die Gesellschaft. Schließlich glauben wir ein Recht darauf zu haben, sauer zu werden, wenn nicht alles nach unserem Kopf geht. In Wirklichkeit (sagt die Esoterik) bekämpfen wir immer uns selbst.

Wenn Herr A. sich über einen Geizhals aufregt, dann bekämpft er in diesem seinen eigenen Hang zur übertriebenen „Sparsamkeit" – sonst würde er das Verhalten des Mitmenschen überhaupt nicht negativ bewerten! Würde ein großzügiger Mensch dem Geizigen nicht gerne geben, was der ihm so (hinter-)listig „abzuringen" versucht? Oder wenn jemand sich aufregt, daß niemand ihm zuhört, dann doch nur, weil er laufend selber reden will. (Den großen Schweiger könnte das nicht stören, im Gegenteil!) Wenn unser Vielredner andere Menschen nur halb so wichtig einschätzen würde wie sich selbst, dann könnte er es ihnen nicht verübeln, wenn sie sich genauso benehmen wie er. Oder wenn die Topmanager von Unternehmen lamentieren, daß es kaum Führungskräfte gibt, die visionär führen können, dann gilt: Jede Firma hat genau die Führungskräfte, die sie verdient.

Wenn nämlich in dieser Firma heute kaum herausragende Führungspersönlichkeiten zu finden sind, dann deshalb, weil die Top-Manager solche Leute früher (als sie noch an ihren eigenen Karrieren bastelten) nicht aufsteigen ließen.

Wenn wir es lernen könnten, die Welt nicht als Gegner zu sehen, sondern als Spiegel, dann müßten wir Verantwortung übernehmen. Das gilt im politischen oder beruflichen Alltag genauso wie im Privatleben jedes einzelnen Men-

schen. Aber, wir leben in einer Kinderkultur, in der immer erwartet wird, daß andere etwas für uns tun (erst die Eltern, später „Vater Staat").

Vgl. den Beitrag *Frosch oder Adler?*, S. 65 ff.

So haben wir im Laufe der letzten Jahrzehnte immer mehr Verantwortung für unser Leben „delegiert". Wir hegen bestimmte Erwartungen (z.B. an das soziale Netz), was zu Enttäuschungen führt (Ent-Täuschung = die Täuschung hört auf), und wir fordern von der Mitwelt, daß sie sich gemäß unseren Vorstellungen zu verhalten habe. Wenn sie es nicht tut, kämpfen wir!

Wenn aber Herr X. heute großartig für den Frieden kämpft (man beachte die sprachliche Formulierung!), dann möchte er im Spiegel eine andere Wirklichkeit erschaffen, als die, die in ihm lebt! Thorwald DETHLEFSEN bringt diesen Prozess (in *Ödipus der Rätsellöser*) auf den Punkt.

„Der Mensch braucht nur sich selbst zu ändern, und … die ganze Welt verändert sich mit ihm. Wenn ich im Spiegel das unfreundliche Gesicht sehe, brauche ich nur zu lächeln – und es wird zurücklächeln, mit Sicherheit!"

Zielstellung der ALPHA-Sendungen

Die wesentliche Zielstellung haben wir bereits im Vorwort zum Ausdruck gebracht. Doch dieses Buch möchte noch mehr:

Zielstellung des ALPHA-Buches

Vgl. *Vorwort*, S. 9f.

Eines unserer zentralen Anliegen ist die Erkenntnis, daß dem modernen Menschen einige Dinge fehlen, die er in der Vergangenheit einmal besaß (mehr Seelenruhe), oder Fertigkeiten, die er einst „draufhatte" (s.u.), während sich uns gleichzeitig Möglichkeiten auftun, die es in der gesamten Menschheits-Geschichte noch nie gegeben hat (z.B. die ungeheuren Chancen, daß jede/r sein/ihr Potenzial besser entfaltet, als dies früher möglich war)! Aber bleiben wir kurz bei dem Verlust der Moderne:

Früher lernten wir **zu Hause**, „wie man lebt": in der Familie und in der Gemeinschaft, der wir angehörten. Wir gingen zwar in das kleine Schulhaus, um uns „Buchwissen" anzueignen, aber die eigentlich wichtigen Fertigkeiten, um im Alltag erfolgreich zu sein, die lernten wir „im richtigen Leben". Doch in den vergangenen Jahrzehnten sind die kleinen Kommunen (wo jeder jeden kannte) immer mehr verschwunden (sie erhalten allerdings in der Zukunft, dank Internet-Verbindungen, eine neue Chance!). Aber in der Gegenwart haben Millionen von Menschen Probleme, weil die kleineren Lebensgemeinschaften (Dorf, Kleinstadt, Stadtteil und Nachbarschaft in mittelgroßen Städten) zunehmend verschwanden. **Man lebt in zunehmendem Maß unter Fremden** in gigantischen Ansammlungen aus **Beton und Stahl**, während sich die Schule immer mehr verwissenschaftlichte. Erst neuerdings beginnen wir zu begreifen, daß **soziale Kompetenz eine Reihe von Fähigkeiten umfaßt, die erlernt werden müssen.** Wenn Elternhaus und Gemeinschaft oder Nachbarn (oder der Freundeskreis) nicht bieten, was wir so dringend brauchen, dann **werden viel zu viele Menschen „unterentwickelt" bleiben**; nämlich in ihren **Fähigkeiten, die uns helfen, warme, freundliche und hilfreiche Beziehungen zu unseren Mitmenschen herzustellen**. Viele ALPHA-Seher/innen zeigten uns, was für sie wichtig war und ist.

Bestseller, die den Begriff „Emotionale Intelligenz" (nach Daniel GOLEMAN, siehe Literaturverzeichnis) enthalten, zeigen, daß die Menschen anfangen zu begreifen, wie wichtig es ist, diese Lücke in unserer Entwicklung wieder zu schließen.

Ein ALPHA-Zuschauer begrüßte diese Sendung unter anderem, **weil sie etwas für die Herzensbildung der Menschen täte**, und betonte, daß gerade derartige Sendungen in unserer Fernsehlandschaft zu selten seien. Er sagte:

„*... Ich betrachte mit Sorge die* ***steigende Rate von Selbstmorden*** *sowie das Ansteigen von* ***schwerer*** *Kriminalität von Kindern und Jugendlichen, das Anwachsen psychosomatischer Krankheiten und ‚verdeckter' Autounfälle, ebenso den zunehmenden Alkoholismus, die ständig wachsenden Drogenprobleme plus die steigende Gewalttätigkeit in Schulen. Mein Sohn wurde neulich auf dem Schulhof krankenhausreif geschlagen. Der aufsichtsführende Lehrer war zwar anwesend, blickte jedoch aus Angst weg. Und ein Kollege von mir wird aus seiner Firma regelrecht weggeekelt (Mobbing) und wird wohl jetzt kündigen ... Das alles* *zeigt doch deutlich, daß es den Menschen an Herzensbildung fehlt, und deshalb wünsche ich mir noch viele ALPHA-Sendungen und zeige meinen Freunden die Video-Aufzeichnungen, vor allem der beiden Erfolgs- und der Tod-Sendung. Jetzt fehlt nur noch, daß man einige der Gedanken, die Sie geäußert haben und die in Ihren bisherigen Werken noch fehlen, zwischen zwei Buchdeckel packt …"*

Diese und andere Statements haben uns bewogen, dieses Buch zu schreiben.

Nun, da Sie diese Zeilen lesen, wissen Sie, daß wir seinem Wunsch entsprochen haben, denn das ist es ja, was die ALPHA-Produzenten und ich wollen!

Manche Leser/innen meiner Bücher und manche Seminar-Teilnehmer/innen meinen allerdings, es reiche, **einmal** ein Seminar zu besuchen, ein bestimmtes Buch **einmal** zu lesen oder die eine oder andere (ALPHA-)Sendung **einmal** gesehen zu haben. Natürlich reicht das in der Regel nicht, wie bereits GOETHE wußte, als er (in *Maximen und Reflexionen*) schrieb:

Sage mir, mit wem du umgehst,
so sage ich dir, wer du bist!

Der Geheimrat wußte: **Was uns umgibt, das wird uns prägen!** Denn er fuhr fort:

Weiß ich, womit du dich beschäftigst,
so weiß ich, was aus dir werden kann.

Womit aber beschäftigen wir uns? Auf diese Frage geben meine Seminar-Teilnehmer/innen Antworten wie diese (häufigste Nennungen):

Vgl. den Beitrag *Frosch oder Adler?*, S. 65 ff.

- **Was umgibt Sie täglich?** – **Probleme** in der Familie und am Arbeitsplatz! (Das hat natürlich auch viel damit zu tun, worauf wir unsere Aufmerksamkeit tagtäglich lenken. Wir könnten auch sagen, daß wir von Chancen umgeben sind …)
- **Was bieten Ihnen z.B. die Nachrichten in den Medien bevorzugt an? Kriege, Terroranschläge, Unfälle, Verbrechen …** (Natürlich bestätigen diese uns immer wieder, wie „schlimm" die Welt und die Menschheit ist. Das ist dann unsere Erwartungshaltung, mit der wir „zuversichtlich" ins Morgen gehen: Wir sehen nämlich dann **zu**, daß wir unsere innere Haltung auch **„ersichtlich"** machen, Motto: *Wir wußten es, die Welt ist besch …!* Tja …)

- **Welche Sendungen sehen Sie am häufigsten? – Krimis, Thriller, Horror …** (jedenfalls Filme mit viel Gewalt und wenig Vorbild-Charakter für gute Kommunikation angesichts von Problemen oder Konflikten und fast gar nichts zum Thema Nächstenliebe, von Toleranz, Hilfsbereitschaft und Mitgefühl bis hin zur bedingungslosen Liebe!)
- **Was lesen Sie bevorzugt**? – Zwar steigt der Trend zum Zweitbuch, aber auch hier gilt die Regel: **Was uns umgibt, das wird uns prägen!** Deshalb empfehlen Erfolgsautoren seit vielen Jahren:

  Wir müssen uns positiven und erfolgreichen Ideen ***mindestens genauso häufig*** *aussetzen, wie wir von negativen Aussagen (das geht eh nicht, das schaffst du nie, dagegen bist du machtlos u.ä.) „belabert" werden.*

Im Klartext: Je „umgebener" Sie von Menschen sind, die Sie täglich volljammern, je mehr professionelle Lamentierer vom Dienst in Ihrer Nähe leben oder arbeiten, je häufiger Menschen in Ihrer Umgebung Ihnen klarmachen wollen, das (was Sie wollen) gehe sowieso nicht usw., **desto bewußter müssen Sie mit Ihren selbstgewählten Maßnahmen gegensteuern**, wenn Sie etwas ändern wollen.

Diese Aktivität unterscheidet Sie von denen, die mitjammern, statt selbst etwas zu ändern.

Merke: Selbst falls Sie glauben, relativ wenig unter negativen Einflüssen zu leiden, sind diese oft so versteckt, daß alle großen Erfolgsautoren und Trainer schon vor Jahrzehnten regelmäßig betonten:

Wir müssen mindestens 10 Min. pro Tag in Erfolgsbüchern lesen (bzw. Erfolgskassetten hören).

Damals gab es noch keine Möglichkeiten, sich solche Gedanken auch **anzuhören**, so daß wir diese Aufgabe heute überall wahrnehmen können: im Auto oder in der Badewanne, ja sogar im Dunkeln (vor dem Einschlafen oder entspannt, mit geschlossenen Augen im Liegestuhl auf der Terrasse). Wir brauchen uns nur wichtige positive Gedanken auf Band zu sprechen, beispielsweise **indem wir uns Textstellen, die uns inspirieren, laut vorlesen (lassen)** oder uns regelmäßig fertige Kassetten oder Hörbücher vorspielen …

Übrigens merke ich es selbst sehr deutlich: Wenn zuviele meiner Gesprächspartner mich darauf aufmerksam machen, daß ich „zur Zeit" relativ aggressiv klinge (eine alte „Krankheit" von mir), dann stelle ich jedesmal fest, daß ich mich bereits seit einiger Zeit **nicht mehr regelmäßig** mit „guten Kassetten“ umgeben hatte und gleichzeit derzeit keine Erfolgs-Literatur las (weil ich z.B. eine Lern-Phase habe, in der ich pro Woche ca. 30 bis 40 neue Fach- und Sachbücher und einen Stapel Fachzeitschriften „sichte“; davon wird ca. 70% quergelesen, den Rest „ziehe ich mir“ Wort für Wort „rein“, und zwar mit Genuß – inkl. Anstreichungen und Randbemerkungen). Aber in solchen Phasen kann es sein, daß ich völlig in einem Wissensgebiet „versinke“ und zunehmend weniger Geduld für Mitmenschen aufbringe, die sich nicht mit diesem Thema befassen! In solchen Zeiten erlebe ich immer wieder, wie sehr es hilft, wenn ich z.B. vor dem Einschlafen oder im Bad, nach dem Aufwachen, von positiven Gedanken umgeben bin.

Falls Sie sagen: **Ich würde ja gerne** täglich lesen, über mein Leben nachdenken oder gewisse Trainings-Aufgaben durchführen, aber **ich kann die 10 Minuten pro Tag nicht opfern**, dann empfehle ich Ihnen, folgende **Textstelle** zu lesen: *Selbstwertgefühl*, S. 165 ff.

Zufriedenheit/Glück

Sind Sie zufrieden? Zufriedenheit ist nicht automatisch erreichbar durch Geld, Autos, Häuser usw. Solche Ziele des Erfolges sind verständlich und gehören zum Spiel. Aber es gibt immer noch schnittigere Autos, noch schönere Häuser, noch größere materielle Kicks, und die können immer nur vorübergehend zufrieden machen. Ein Kick hat es nun mal an sich, daß er immer eine Steigerung braucht. In dem Moment, indem er vorbei ist – denken Sie an einen 100 Meter Bungee Jump – ist er schon kein Kick mehr.

Zufriedenheit ist ein innerer Zustand. Zufriedenheit bekommt man nur durch eines: Durch Zufriedenheit.

Wir haben den buddhistischen Meditationslehrer Amoghavajra Karl Schmied gefragt, was Zufriedenheit für ihn ist:

„In dem Moment, in dem ich mich auf bestimmte Erfolge fixiere und mein Glück davon abhängt, wird es sehr eng. Ich bin der Überzeugung, dass Vermögen, Einfluß und Macht … durchaus gute Möglichkeiten und durchaus nichts Negatives sind. Aber daran festzuhalten und nur im Sinn zu haben, es um jeden Preis zu mehren und dies oft zu Lasten anderer …, das ist etwas, was ich heute nicht mehr als Lösung ansehe, um persönlich erfolgreich zu sein.

Wenn wir tiefer hinschauen und dieses Ich ein wenig durchlöchern in der Erkenntnis, dass alles mit allem verbunden ist …, dann weiß ich, daß, wenn ***ich*** *glücklich bin, dies auch Auswirkungen auf meine* ***Mitwelt*** *hat. Und wenn ich unglücklich bin, verzweifelt, verbissen oder fanatisch …, hat dies ebenso eine Auswirkung auf meine Mitwelt. Und die ist nicht heilsam. Sie ist oft sehr belastend. Und wenn meine Mitwelt unglücklich wird, dann kann auch ich nicht mehr glücklich sein. Wir leben in einer postkapitalistischen Gesellschaft, die sehr stark von Gier und Neid geprägt ist, in der immer wieder neue Impulse kommen, denen man … nachgibt, die dazu führen, daß wir Dinge tun, die wir eigentlich nicht tun müßten."*

Es gibt nun verschiedene Wege, mit dieser Schwierigkeit umzugehen. Einer davon sind regelmäßige Entspanungs- und Meditationsübungen. Wir wissen aus Erfahrung, daß solche Übungen gerade auch in den Zeiten, in denen man nicht übt (im ganz normalen Leben), positive Auswirkungen haben. Das bestätigt auch Amoghavajra Karl SCHMIED:

„In meiner Meditation mache ich mir klar, daß ich angekommen bin – zu Hause bin. Ich atme ein und sage: Ich bin zu Hause. Das bedeutet, ich muß nicht mehr herumjagen, ich muß nicht mehr Erfolg auf Erfolg türmen und dann entdecke ich das Schönste, die größte Freude, weil ich entdecke, daß alles, was wirklich wertvoll ist, schon unzerstörbar in mir angelegt ist. Nach meiner Überzeugung ist Vollkommenheit bereits in jedem von uns vorhanden. Nicht nur im Menschen, sondern in allem, was existiert. Ich kann in jeder Situation, ob in Konferenzen, in der Familie, im Beruf immer wieder für kurze Zeit zu meinem Atem und gleichzeitig zu mir nach Hause gehen. Und dann kommt die Kraft und die Energie der Achtsamkeit wieder, und die läßt mich Dinge neu sehen, so daß ich in die gleiche Situation neu hineingehe – als Erneuerter.“

(Aus der ALPHA-Sendung zum Thema „Erfolg“)

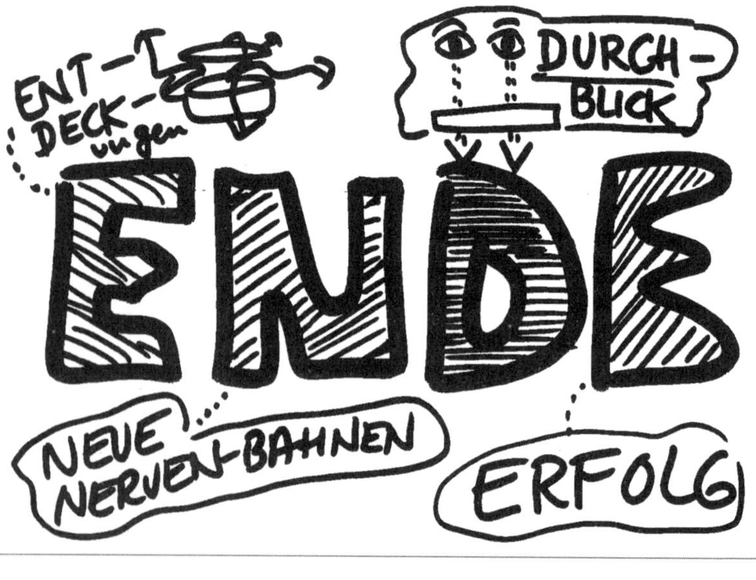

Literatur- und Stichwortverzeichnis ab S. 243

Coaching-Briefe
im Aktuell Verlag

Einen persönlichen Coach, der Sie persönlich Schritt für Schritt voranbringt, können sich nur wenige leisten. Sie können es mit dem

Vera F. Birkenbihl-Brief
für mehr ERFOLG & LEBENSQUALITÄT!

DER VERA F. BIRKENBIHL-BRIEF

ERFOLG & LEBENSQUALITÄT

Liebe Leserin,
lieber Leser,

Persönliche EntWICKlung bedeutet: „Heraus-wickeln", was sich in Ihnen befindet (Ihr Potenz-ial)!

Vera F. Birkenbihl

Der monatliche Coaching-Service zu folgenden Themen:

- Gehirn-gerechtes Arbeiten (Brain-Management, Denk-Techniken, Kreativität).
- Persönlicher Erfolg (Anti-Streß und -Ärger, Potential erweitern, Persönlichkeitsentwicklung, pro Lebensfreude und Erfolg).
- Kommunikation (Das Birkenbihl'sche Inselmodell, die eigene Insel besser kennenlernen, systematisch erweitern und die Brücke zu den Inseln der anderen bauen) u.a.m.

Nähere Informationen: Aktuell im Olzog Verlag
Fürstenrieder Straße 250 · 81377 München
Service-Telefon: 089/7104 66-65 · Fax 089/7104 66-61
www.birkenbihlbrief.de

Neue Paperbacks von Vera F. Birkenbihl

Stärken Sie Ihre Humorfähigkeit

Lachen ist nicht nur gesund, sondern hat eine ganze Reihe von Vorteilen! In diesem Buch erklärt die bekannte Trainerin unter anderem, warum eine Pointe witzig ist, und wie jeder selbst Humor »generieren« oder »produzieren« kann. Und sie hilft dem Leser mit konkreten Pro-Humor-Strategien. (Starthilfe: 120 Witze)

224 Seiten, Taschenbuch
ISBN 3-478-08837-2

Unser Weltbild und andere Sichtweisen

Vera F. Birkenbihl zeigt Ihnen in diesem Buch-Seminar anhand zahlreicher Fallbeispiele, wie wichtig Stories für jede/n von uns sind, und warum Stories sowohl unser Weltbild, als auch die Art, wie wir uns selbst sehen, formen und verändern. Durch die thematisch sortierten Stories können Sie sofort praktisch von diesem Buch profitieren!

194 Seiten, Taschenbuch
ISBN 3-478-08836-4

mvg Wir geben Antworten

Jetzt bei Ihrem Buchhändler
oder
www.mvg-verlag.de • 86899 Landsberg

mvg
Wir geben Antworten

Das einzigartige Buch-Seminar

379 Seiten, Taschenbuch
ISBN 3-478-08623-X

Dieses Buch erlaubt es Ihnen, den „Power-Tag", den **JOURNAL für die Frau** mit der Autorin veranstaltete, nachzulesen (Details im Vorwort). Dieses einzigartige **Buch-Seminar** enthält **95%** des Seminars mit **allen Praxis-Tipps, Techniken** und **Strategien** und **fast allen** Übungen, plus (als Buch-Bonus) einigen **ergänzenden** Gedanken und Übungen! Mit diesem Tag wollte die Redaktion von **JOURNAL für die Frau** ihren Leserinnen einige „Bonbons" aus dem Seminarbereich der Autorin anbieten. Es waren nur **Leser<u>innen</u>** eingeladen, aber das Buch dürfen natürlich auch mutige **Herren** lesen! Die Themen-Schwerpunkte sind:

1. **Gehirn-gerechtes Arbeiten:** Es kann dramatische Auswirkungen auf Ihr **Gedächtnis** und die eigene **Kreativität** haben, wenn man sein Vorgehen der **natür beitsweise des Gehirns** anpasst!
2. **Erfolg:** Was verhindert den Erfolg (den die meisten Menschen haben **könnten**) und: Wie kann man die „Behinderungen" der Erziehung aufheben?
3. **Kommunikation:** Das Birkenbihl'sche **Insel-Modell** hilft, eigene und fremde „Standpunkte" aus einem anderen Blickwinkel zu sehen. Außerdem gibt es einige gravierende Unterschiede in der Kommunikation zwischen **Männern** und **Frauen**. Wenn man diese besser versteht, versteht man so manches ...

Jetzt bei Ihrem Buchhändler

mvg www.mvg-verlag.de
86895 Landsberg

Wollen Sie die Autorin des Bestsellers „Stroh im Kopf?" persönlich erleben?

Ein „Muß" für jeden Birkenbihl-Fan!

Erleben Sie Vera F. Birkenbihl live jedes Jahr im Juni beim

Birkenbihl-Tag Selbst-Management

Die Art der Wissensvermittlung wird Sie überraschen.
Vera F. Birkenbihl versteht es, als Management-Trainerin und Autorin immer wieder meisterhaft, sogenannte „trockene" Theorie lebendig und gehirn-gerecht zu präsentieren.

Bereits über 320 000 Menschen haben ihre Seminare und Vorträge besucht und waren begeistert.

Nähere Informationen, Seminarunterlagen und genaue Termine liefern wir Ihnen gerne. Anruf, Fax oder Postkarte genügt:

mvg-verlag
Seminarorganisation
86895 Landsberg/Lech
Telefax (08191) 125-404 · Telefon (08191) 125-464

mvg

Literaturverzeichnis

1. **ALPHA-Videos:** Denken, Erfolg I, Erfolg II, Kommunikation, Kreativität, Liebe, Tod, Zeit. TR-Verlagsunion. Über den Buchhandel erhältlich. Weitere Informationen, s. Seite 245
2. **Bateson,** Gregory: *Ökologie des Geistes.* Suhrkamp, Frankfurt a. Main, 1985
3. **Berne,** Eric: *Spielarten und Spielregeln der Liebe.* Rowohlt, Hamburg, 1974
4. **Berne,** Eric: *Spiele der Erwachsenen.* Rowohlt, Hamburg, 2001
5. **Berne,** Eric: *Was sagen Sie, nachdem Sie ‚Guten Tag' gesagt haben? Psychologie des menschlichen Verhaltens.* Fischer, Frankfurt, 2001
6. **Birkenbihl,** Vera F.: *Der Birkenbihl Power-Tag.* mvg-verlag, Landsberg/Lech, 5. Auflage, 2001
7. **Birkenbihl,** Vera F.: *Erfolgstraining.* 12. Auflage, mvg-verlag, 2001
8. **Birkenbihl,** Vera F.: *Sprachenlernen leicht gemacht.* mvg-verlag, Landsberg/Lech, 24. Auflage, 2001
9. **Birkenbihl,** Vera F.: *Stichwort Schule – Trotz Schule lernen?* mvg-verlag, Landsberg/Lech, 14. Auflage 1999
10. **Birkenbihl,** Vera F.: *Das neue Stroh im Kopf?* mvg-verlag, Landsberg/Lech, 38. Auflage, 2001
11. **Carnegie,** Dale: *Wie man Freunde gewinnt.* Scherz, München, 1986
12. **Castaneda,** Carlos: *Die Lehren des Don Juan.* Fischer, Frankfurt a. Main, 28. Auflage, 1998
13. **Dawkins,** Richard: *Das Egoistische Gen.* Rowohlt, Hamburg, 2000
14. **Dennett,** Daniel: *Spielarten des Geistes.* Wie erkennen wir die Welt? Bertelsmann, München, 2001

---

* Im Gegensatz zu manchen Autoren liste ich nur diejenigen meiner Titel, die im vorliegenden Buch zitiert werden.

15. **Dethlefsen,** Thorwald: *Ödipus der Rätsellöser.* Hermethische Truhe, München 1990
16. **Egli,** René: *Das Lol^{2}a-Prinzip. Die Vollkommenheit der Welt.* Edition D'Olt, Oetwill a.d.L., 24. Auflage 2001
17. **Enkelmann,** Nikolaus B.: *Charisma. Beruflichen und Privaten Erfolg durch Persönlichkeit.* mvg-verlag, Landsberg/Lech, 2. Aufl., 1999
18. **Geissler,** Karlheinz A.: *Zeit – Verweile doch, du bist so schön.* Quadriga, Berlin 1996
19. **Goethe,** Johann Wolfgang von: *Maximen und Reflexionen.* Insel Verlag, Frankfurt 1976
20. **Goleman,** Daniel: *Emotionale Intelligenz.* Hanser, München 1996
21. **Heinlein,** Robert H.: *Time Enough for Love.* (Deutsche Übersetzung nicht erhältlich).
22. **Helfrecht,** Manfred: *Planen, damit's leichter geht.* HelfRecht, Bad Alexandersbad 1985
23. **Helfrecht,** Manfred: *Vom Wert des Planens.* HelfRecht, Bad Alexandersbad, 4. Auflage 1985
24. **Helfrecht,** Manfred: *Meine Zukunft – Meine Aufgabe.* HelfRecht, Bad Alexandersbad 1988
25. **Hellinger,** Bert H.: *Ordnungen der Liebe. Ein Kursbuch.* Auer-Systeme, Heidelberg, 7. korr. Aufl. 2001
26. **Hellinger,** Bert H.: *Ordnung und Krankheit.* Auer-Systeme, Heidelberg 1995
27. **Hoffman,** Kaye: *Chaos und Ordnung im schöpferischen Prozeß.* GFE-Verlag, Eurasburg 1991
28. **Hoffman,** Kaye: *Tao des Feierns. Die Feste der fünf Wandlungsstufen.* Kolibri, Hamburg 1993
29. **Hoffman,** Kaye: *Im Tao der Gefühle. Westliches Wissen und Östliche Weisheit in Körpererfahrung, Bewußtseinserweiterung und Lebensgestaltung.* Anarche Verlagsgemeinschaft, Inning 1995
30. **Höfner,** Eleonore: *Das wäre doch gelacht! Humor und Provokation in der Therapie.* Rowohlt, Hamburg 1995
31. **Kibéd,** Matthias Varga von: *Die gemeinsame Form der Zeichen, Unterscheidungen und Paradoxien.* Auditorium, Schwarzach 1997

32. **Kübler-Ross,** Elisabeth: *Über den Tod und das Leben danach.* O.A., 1996
33. **Leonhard,** George: *Der längere Atem – Die Meisterung des Alltäglichen.* Integral, Wessobrunn, 5. Auflage 1994
34. **Maslow,** Abraham H.: *Motivation und Persönlichkeit.* Rowohlt, Hamburg 1981
35. **McCormack,** Mark: *Was Sie an der Harvard-University nicht lernen.* mvg-verlag, Landsberg/Lech 1991
36. **Park,** Nei Hei: *Wie das Neue in die Welt kommt.* O.A.
37. **Scheele,** Paul R.: *Photoreading. Die neue Hochgeschwindigkeits-Lesemethode in der Praxis.* Junfermann Verlag, Paderborn, 4. Auflage 2001
38. **Schmied,** Amoghavajra Karl: *Das Leben berühren. Atmen und sich selbst begegnen.* Herder, Freiburg 1999
39. **Seligman,** Martin: *Pessimisten küsst man nicht. Optimismus kann man lernen.* Droemer Knaur, München 2001
40. **Seligman,** Martin: *Erlernte Hilflosigkeit.* Beltz, Weinheim 1999
41. **Seligman,** Martin: *Kinder brauchen Optimismus.* Rowohlt, Hamburg 1999
42. **Smothermon,** Ron: *Drehbuch für Meisterschaft im Leben.* Context Verlag, Bielefeld, 4. Auflage 1996
43. **Tolle,** Eckhart: *JETZT – Die Kraft der Gegenwart.* J. Kamphausen, Bielefeld 2000

Die Videos zu den ALPHA-Sendungen können Sie im Buchhandel unter folgenden Nummern bei der Trias-Verlagsunion bestellen:

Zeit	3-8058-3230-3	Liebe	3-8058-3342-3
Denken	3-8058-3239-7	Tod	3-8058-3373-3
Erfolg	3-8058-3256-7	Kommunikation	3-8058-3395-4
Erfolg II	3-8058-3372-5	Kreativität	3-8058-3396-2

Es handelt sich um die Langzeitversion der ALPHA-Sendungen mit einem ausführlichen Studio-Teil mit Vera F. Birkenbihl.

Stichwortverzeichnis